-MÉMOIRE

A L'USAGE

DES JUSTICES DE PAIX

ET DES

GREFFIERS DE JUSTICE DE PAIX

PAR

MM. LOUIS ET CHARLES MILLION

Et les rédacteurs des Annales

TROISIÈME ÉDITION

PARIS

AU BUREAU DES ANNALES DES JUSTICES DE PAIX

RUE GUÉNÉGAUD, 27

1874

AIDE-MÉMOIRE

A L'USAGE

DES JUSTICES DE PAIX

ET DES

GREFFIERS DE JUSTICE DE PAIX

PAR

MM. LOUIS ET CHARLES MILLION
Et les rédacteurs des Annales

TROISIÈME ÉDITION

PARIS
AU BUREAU DES ANNALES DES JUSTICES DE PAIX
RUE GUÉNÉGAUD, 27

1874

DE L'INSTITUTION, DE LA NOMINATION ET DES DEVOIRS DES JUGES DE PAIX ET DES GREFFIERS DES JUSTICES DE PAIX

GÉNÉRALITÉS

JUGES DE PAIX ET SUPPLÉANTS DES JUGES DE PAIX.

De l'institution des juges de paix. Les juges de paix ont été créés par la loi du 24 août 1790, tit. III. Il y a, dans chaque canton, un juge de paix. Art. 1er de ladite loi.

Chaque juge de paix a deux suppléants qui remplissent ses fonctions en cas de maladie, absence ou autre empêchement (Loi du 29 ventôse an IX, art. 3). Ces deux suppléants sont désignés par premier et second suivant l'ordre de nomination. Même loi, art. 4.

Nomination des juges de paix. Les juges de paix sont nommés par le Chef de l'Etat. Constit. 14 janv. 1852, art. 7 et 56 ; Charte 1830, art. 48 ; Constit. 1848, art. 85

Conditions requises pour être juge de paix. Il faut avoir trente ans accomplis pour pouvoir être nommé juge de paix ou suppléant d'un juge de paix. Constitut. 5 fruct. an III, art. 209; L. 27 ventôse an III, art. 4 ; L. 16 ventôse an XI, art. 1.

En Algérie, il suffit d'avoir vingt-cinq ans révolus, mais les juges de paix doivent être licenciés en droit. Ordonn. du 8 octobre 1842.

Ne peuvent être juges et juges suppléants dans un même tribunal de paix, sans dispense du Chef de l'Etat, les parents et alliés jusqu'au degré d'oncle et neveu. L. 20 avril 1810, art. 65 ; aussi L. 6-27 mars 1791, art. 4.

Le juge de paix ne peut être parent au même degré de son greffier. *Loc. cit.*

Incompatibilité. Les fonctions de juge de paix sont incompatibles avec celles de maire ou d'adjoint (Loi du 5 mai 1855, art. 5), de membres des conseils municipaux dans son canton (Loi du 14 avril 1871, art. 5), de membres des conseils généraux également dans son canton (Loi du 26 juillet 1870, art. 4; Loi du 4 mars 1871, art. 3; Loi du 10 août 1871, art. 8, § 4), de préfet et de sous-préfet, de membre de l'administration forestière, de receveur de l'enregistrement, d'employé dans le service des postes, messageries et douanes; il ne peuvent non plus remplir des fonctions publiques sujettes à comptabilité pécuniaire (Loi du 24 vendémiaire an III, art. 1 et 2), ni être conseiller de préfecture, ni notaire (Loi du 24 vendémiaire an III, art. 2; Loi du 25 ventôse an XI, art. 7), ni ecclésiastique (Loi du 11 septembre 1790, art. 1), ni avocat (Ord. du 20 novembre 1822, art. 42), ni instituteur salarié par l'Etat (Loi du 24 vendémiaire an III), ni être membre de la Cour de cassation, ni juge des tribunaux civils, de première instance, des cours d'appel, des tribunaux criminels, ni juge d'un tribunal de commerce, ni procureur de la République près d'un tribunal quelconque et ni greffier d'aucun tribunal, ni commis greffier salarié, ni avoué, ni huissier. Loi du 24 vendémiaire an III, art. 2, du 6-27 mars 1791, art. 1er.

Prestation de serment des juges de paix. Les juges de paix et leurs suppléants, avant d'entrer en fonctions, prêtent serment devant le tribunal civil de première instance du lieu où est situé leur siége. L. du 24 messidor an XII, art. 2.

Le serment professionnel est ainsi formulé;

« En présence de Dieu et devant les hommes, je jure et promets en mon âme et conscience de bien et fidèlement remplir mes fonctions, de garder religieusement le secret des délibérations et de me conduire en tout comme un digne et loyal magistrat. » Loi des 8-11 août 1849.

Costume des juges de paix, des suppléants de justices de paix et des greffiers de justices de paix. Les juges de paix et les greffiers de paix portent dans l'exercice de leurs fonctions le même costume que les juges et greffiers des tribunaux de première instance (Décr. 2 niv., an XI, art. 7). Ce costume est pour les juges de paix aux audiences ordinaires: simarre et toge de laine noire à grandes manches, ceinture de laine noire pendante, toque de laine noire unie bordée de velours noir, cravate tombante de batiste blanche plissée, cheveux longs ou ronds. Les présidents et vice-présidents ont au bas de la toque un galon d'argent.

Aux audiences solennelles, même costume avec les modifications suivantes: une simarre de soie noire, une ceinture de soie couleur bleu clair à franges de soie, un galon d'argent au bas de la toque; le président a un double galon. Décr. 2 niv. an XI, art. 4.

Pour les actes extérieurs de leurs fonctions, tels que descentes de justice, transports, sommations, etc., les juges de paix et leurs suppléants portent une ceinture en soie orange à glands de soie verte, petite torsade (modèle n° 7). Décr. 18 juin 1852, art. 3.

Discipline. Les juges de paix sont placés, comme tous les corps judiciaires, sous la surveillance du garde des sceaux (Sénatus-Consulte 16 thermidor an X, art. 81) mais outre cette surveillance générale, ils ont celle des tribunaux civils de première instance (*Ibid.*, art. 83, Loi du 20 avril 1810, art. 52) et celle du procureur général, même Loi de 1810, art. 45, C. inst. crim. art. 279 et 479.

Résidence des juges de paix et de leurs suppléants. Les juges de paix sont tenus de résider dans le canton où ils sont nommés. D. 11 sept. 1790, art. 3.

Tout juge de paix qui, après sa nomination, ne résiderait point dans le canton, est averti, par le procureur de la Rép. près le tribunal de première instance, d'y fixer son domicile dans le mois de l'avertissement; passé ce délai, il est considéré comme démissionnaire et il est pourvu à son remplacement. Il en est de même des suppléants. L. 28 flor. an X, art. 8.

Congé des juges de paix, formalités, conditions. On ne doit pas considérer, comme cessation de résidence d'un juge de paix, les absences régulièrement autorisées. *Ibid.*, art. 3.

Lorsqu'un juge de paix veut s'absenter de son canton, il doit se munir d'un congé délivré : par le procureur de la Rép., si l'absence doit être moindre d'un mois, et par le ministre de la justice, si l'absence doit durer plus d'un mois. L. 28 flor. an X, art. 9 ; Ord. 6 nov. 1822.

Dans tous les cas où un juge demande un congé, il doit justifier par un certifical du premier suppléant, et à son défaut du second suppléant que le service public n'en souffrira pas. Même loi, art. 10.

Lorsque les procureurs de la République délivrent un congé à un juge de paix, ils doivent en rendre compte, dans les trois jours, au ministre de la justice.

Tout congé doit énoncer l'époque à laquelle il commence, et celle à laquelle il finit. Ordonn. 6-12 nov. 1822, art. 1 et 2.

Remplacement des juges de paix. En cas d'empêchement légitime d'un juge de paix et de ses suppléants, le tribunal civil, dans l'arrondissement duquel est située la justice de paix, renvoie les parties devant le juge de paix du canton le plus voisin. Ce jugement est rendu à la demande de la partie la plus diligente, sur simple requête et après les conclusions du procureur de la Rép., parties ouïes ou dûment appelées. L. 16 vent. an XI, art. 1 et 2.

Traitement des juges de paix. Les juges de paix reçoivent un traitement de l'Etat.

Ce traitement court du jour de la prestation de serment. Décr. 30 janv. 1811, art. 27.

Celui des juges de paix démissionnaires ou admis à prendre leur retraite court jusqu'au jour de l'installation de leur successeur, s'ils continuent jusque-là l'exercice de leurs fonctions ou s'ils ne cessent de les remplir avant cette époque que pour cause d'infirmités graves et justifiées.

Sous le régime de l'art. 14 de la loi du 6-27 mars 1791, le juge de paix, qui était plus de huit jours consécutifs sans remplir ses fonctions, était tenu de remettre à l'assesseur qui l'avait remplacé une part proportion-

tié de son traitement fixe. Maintenant il n'en est plus de même, le juge de paix qui s'absente, en vertu d'un congé régulier, ne perd aucune partie de son traitement et le suppléant qui fait le service n'a droit à aucune indemnité. (Inst. min. 16 nov. 1822.)

Aux termes d'une décision du ministre de la justice du 12 juin 1854 interprétation de la loi du 23 mai 1834, les suppléants, exercant, en cas de vacances de places, ou autres, doivent toucher la totalité du traitement des magistrats qu'ils remplacent.

Les suppléants qui remplacent le juge dans les actes auxquels sont attribués des droits de transport, doivent recevoir ces droits de transport.

Independamment des textes que nous avons analysés, les juges de paix sont soumis à la règle générale relative à la retenue du traitement, édictée par les art. 16 et 17 du décret du 9-14 nov. 1853.

Fixation du traitement des juges de paix.

Le traitement des juges de paix est ainsi fixé :

Les juges de paix résidant dans les villes où siégent les tribunaux de première instance reçoivent le même traitement que les juges de ces tribunaux. A Paris, les juges de paix reçoivent en outre, une somme de 1 500 francs par an, à titre d'indemnité pour un secrétaire. L. 21 juin 1845, art. 2.

Dans les cantons composant les arrondissements de Saint-Denis et de Sceaux, le traitement des juges de paix est de 3 600 francs. Même loi, modifiée par l'ordonnance du 2 novembre 1846.

Dans les villes d'Arles, Cette, Mézières, Roubaix, Tourcoing, le traitement des juges de paix est de 2 700 francs. Dans celles d'Argelès, Boussac, Château-Salins, Commercy, la Palisse, la Tour-du-Pin, Mauléon, Poligny et Puget-Théniers, il est de 2 400 francs ; dans les villes de 3 000 âmes et au-dessus de population agglomérée et constatée dans les tableaux du dernier recensement antérieur à 1860, il est de 2 100 francs. Décr. 22 sept. 1862, art. 4.

Dans les communes où la population agglomérée est inférieure à 3 000 âmes, il est de 1 800 francs. Décr. 23 août 1848. Décr. 16 sept. 1861. Décr. 22 sept. 1862.

Indemnité de transport des juges de paix. Autrefois, outre leur traitement, les juges de paix avaient droit, lorsqu'ils se déplaçaient, à des vacations. La loi du 21 juin 1845, art. 1er a supprimé les droits et vacations, mais elle accorde aux juges de paix une indemnité de transport lorsqu'ils se rendent à plus de 5 kilomètres du chef-lieu de canton. Cette indemnité de transport, établie au profit des juges de paix par l'art. Ier de la loi du 21 juin 1845, est ainsi fixée : en cas de transport à plus de 5 kilomètres du chef-lieu de canton, à 5 francs ; en cas de transport à plus de 1 myriamètre, à 6 francs. Si les opérations durent plus d'un jour, l'indemnité est fixée suivant la distance à 5 ou 6 francs par jour. Ordonn. 6 déc. 1845, art. 1er.

Dans les cas prévus par les articles 32, 36, 43, 46, 47, 49, 50, 51, 52, 59, 60, 62, 83, 84, 87, 88, 90, 464, 488, 497, 511, 516 du Code d'instruction criminelle, les juges de paix reçoivent l'indemnité allouée aux juges et officiers du ministère public qui est fixée ainsi qu'il suit : s'ils se transportent à plus de 5 kilomètres de leur résidence, ils reçoivent, pour tous frais de voyage, de nourriture et de séjour, une indemnité de 9 francs par jour ; s'ils se transportent à plus de 2 myriamètres, l'indemnité sera de 12 francs par jour. Décr. 18 juin 1811, art. 88.

Retrait de fonctions et démission. Les juges de paix mis à la retraite ou démissionnaires doivent continuer l'exercice de leurs fonctions, non-seulement jusqu'au jour où ils ont connaissance de leur mise à la retraite ou de l'acceptation de leur démission, mais jusqu'au jour de l'installation de leur successeur. Décret du 30 janv. 1811, art. 28.

Pensions auxquelles ont droit les juges de paix. Les juges de paix sont, comme tous les fonctionnaires directement rétribués par l'Etat, soumis à une retenue de 5 pour 100 sur toutes les sommes qui leur sont payées à titre de traitement fixe ou éventuel, de supplément de traitement ou constituant un émolument personnel, à quelque titre que ce soit. Ils supportent en outre la retenue du douzième de leur rétribution, lors de leur nomination ou dans le cas d'une réintégration, plus le douzième de toute augmentation de leur traitement, enfin les retenues pour cause de congé, d'absence ou par mesure disciplinaire. L. 13 juin 1853.

Ces retenues servent à leur faire une pension de retraite à laquelle ils ont droit par ancienneté, et après trente ans de services accomplis.

Cette pension, basée sur la moyenne des traitements et émoluments de toute nature soumis à une retenue dont l'ayant droit a joui dans les six dernières années de service, est réglée pour chaque année de service à un soixantième du traitement moyen; mais, en aucun cas, elle ne peut excéder les deux tiers de ce traitement moyen. L. 13 juin 1853, art. 7, tableau 3 annexé à ladite loi.

Les services dans les armées de terre et de mer concourent avec les services civils pour établir le droit à la pension et sont comptés pour leur durée effective, pourvu que la durée des services comme juge de paix soit au moins de douze années et que les services militaires n'aient pas déjà été rémunérés par une pension. *Ibid.*, art. 8.

Les juges de paix qui ont été mis hors d'état de continuer leurs fonctions, par suite d'un acte de dévouement dans l'intérêt public; ceux qu'un accident grave résultant notoirement de l'exercice de leurs fonctions met dans l'impossibilité de les continuer peuvent exceptionnellement obtenir une pension, quels que soient leur âge et la durée de leur activité. Dans ce cas, la pension est de la moitié du dernier traitement, sans pouvoir excéder les deux tiers du traitement moyen; elle ne peut être inférieure au sixième du dernier traitement. L. 13 juin 1853, art. 12, et tableau 3 annexé.

Les veuves des juges de paix qui ont obtenu une pension de retraite, ou qui ont accompli la durée de service exigée par la loi, ont également droit à une pension, si le mariage a été contracté six ans avant la cessation des fonctions du mari. Cette pension est du tiers de celle que le mari aurait obtenue ou pu obtenir. elle ne peut être inférieure à 100 francs ni excéder celle que le mari aurait pu obtenir. Le droit à la pension cesse en cas de séparation de corps prononcée à la demande du mari. La veuve du juge de paix dont le mari a perdu la vie, soit par suite d'un acte de dévouement dans l'intérêt public, ou par suite d'un accident résultant notoirement de l'exercice de ses fonctions, a droit à une pension qui est des deux tiers de celle que le mari aurait obtenue ou pu obtenir dans le premier cas, et du tiers seulement dans le deuxième. Dans ces deux cas, il suffit que le mariage ait été contracté antérieurement à l'événement qui a amené la mort du mari. L. 13 juin 1853. art. 14.

Aucune pension n'est liquidée qu'autant que le juge de paix aura été préalablement admis à faire valoir ses droits à la retraite par le ministre de la justice. L. 13 juin 1853, art. 19.

Toute demande de pension est adressée au ministre de la justice ; elle doit, à peine de déchéance, être présentée avec les pièces à l'appui dans le délai de cinq années, à partir du jour de l'admission à faire valoir les droits à la retraite, ou du jour de la cessation de ses fonctions si le juge de paix a été autorisé à les continuer, et pour la veuve à partir du jour du décès de son mari. *Ibid.*, art. 22.

Dans la liquidation, on néglige sur le résultat final du décompte les fractions de mois et de franc. La jouissance de la pension commence du jour de la cessation du traitement, ou du décès du fonctionnaire. Il ne peut en aucun cas y avoir lieu au rappel de plus de trois années d'arrérages antérieurs à la date de l'insertion au *Bulletin des lois* du décret de concession. *Ibid*, art. 25, 26.

Les pensions sont incessibles, elles ne peuvent être saisies du vivant du pensionnaire que jusqu'à concurrence d'un cinquième pour débet envers l'Etat ou pour créances privilégiées, aux termes de l'article 2101 du Code civil, et d'un tiers dans les circonstances prévues par les articles 203, 205, 207 et 214 du même Code. *Ibid.*, art. 26.

Elles sont payées par trimestre, et sont rayées des livres du Trésor après trois ans de non-réclamation, sans que leur rétablissement donne lieu à aucun rappel d'arrérages antérieurs à la réclamation.

Il est en outre accordé, dans certains cas, aux orpheliés ou fils de fonctionnaires, des secours particuliers; pour ce qui les concerne. V. L. 13 juin 1853, art. 16, 22, 23.

Prérogative. Les juges de paix et leurs suppléants ont, comme tous les magistrats, le droit de bénéficier du privilége de juridiction édité par l'art. 479, C. instr. crim.

Préséance et rang des juges de paix. Les autorités appelées aux cérémonies publiques se réunissent chez la personne qui doit y occuper le premier rang. Décr. 24 mess. an XII, art. 7 et 8.

La personne à qui la préséance est due doit toujours avoir à sa droite celle qui occupe le second rang, et à sa gauche celle qui occupe le troisième, et ainsi de suite. S'il y a convoi, les trois premières personnes forment la première ligne, les trois personnes suivantes forment la seconde ligne, et les corps marchent dans l'ordre suivant : — les membres des Cours d'appel ; — les officiers de l'état-major de la division, non compris deux aides de camp du général, qui le suivront immédiatement ; — les membres des Cours criminelles ; — les conseillers de préfectures, non compris le secrétaire général, qui accompagne le préfet ; — les membres des tribunaux de première instance ; — le corps municipal ; — les officiers de l'état-major de la place ; — les membres du tribunal de commerce ; — les membres des chambres de commerce ; — les juges de paix ; — les membres des tribunaux de prud'hommes ; — les commissaires de police.

Entre juges de paix d'une même ville, la préséance se décide par l'ancienneté. Décis. minist. du 30 septembre 1822.

La cérémonie ne doit commencer que lorsque l'autorité qui occupe la première place a pris séance. Cette autorité se retire la première.

D'après une décision du 14 août 1828, lorsque les magistrats n'obtiennent pas, dans une cérémonie publique, le rang que leur assignent les règlements, le plus convenable pour eux est de se retirer sur-le-champ, après avoir adressé leurs réclamations au fonctionnaire chargé de la cérémonie, et, s'il n'y a pas fait droit, d'en référer à l'autorité compétente.

Les juges de paix, comme présidents de tribunaux, doivent, lors de leur nomination, visiter officiellement les magistrats et fonctionnaires qui les précèdent hiérarchiquement, et recevoir la visite de ceux qui les suivent. Ces visites doivent être rendues dans les vingt-quatre heures. Décr. 24 mess. an XII, tit. XXII, art. 10.

Les suppléants de juges de paix n'ont point de place fixée dans les cortéges officiels. Ils n'y prennent rang que lorsqu'ils remplacent le juge de paix, ou qu'ils y sont invités personnellement.

Dans ce dernier cas, ils marchent immédiatement après le juge de paix. Décis. minist. du 23 mars 1865.

Entre deux suppléants de juges de paix, la préséance appartient de droit au plus ancien. Décis. minist. du 5 janvier 1829.

Les greffiers des tribunaux de paix et de simple police suivent les juges de paix présents; dans le cas où ces derniers seraient absents, les greffiers n'ont droit à aucune place. Décis. minist. du 16 octobre 1867.

Franchise de poste accordée aux juges de paix. Les juges de paix jouissent de la franchise postale pour la correspondance concernant exclusivement leurs fonctions, et suivant les formes ci-après :

Les lettres ou paquets relatifs au service de l'Etat s'expédient de deux manières : 1° par lettres fermées; 2° sous bandes. Les lettres fermées peuvent être pliées et cachetées selon la forme ordinaire, ou être mises sous enveloppe. Ordonn. royale 17 nov. 1844, art. 21.

Lorsque les lettres fermées sont autorisées, elles ne doivent être employées qu'en cas de nécessité, et cette nécessité doit être constatée sur la dépêche par une note ainsi conçue : *Nécessité de fermer*. *Ibid.*, art. 23.

Les lettres et paquets contre-signés qui doivent être mis sous bandes ne sont pas reçus en franchise, lorsque la largeur des bandes excède le tiers de la surface de ces lettres et paquets. *Ibid.*, art. 25.

Les bandes ne doivent adhérer entre elles qu'au verso de la dépêche, à l'endroit où elle est cachetée. (Décis. min. 11 août 1852). Elles doivent porter le contre-seing, qui est la désignation des fonctions de l'envoyeur, suivie de sa signature; la désignation des fonctions peut être imprimée par un timbre, mais la signature doit être apposée de la main du fonctionnaire et, si ce fonctionnaire est hors d'état, par suite de maladie ou d'absence, de remplir ses fonctions, celui qui le remplacera par intérim contre-signera les dépêches en énonçant qu'il remplit par intérim les fonctions auxquelles le contre-seing est attribué. Ordonn. 17 nov. 1844, art. 13 et 16.

Les lettres et paquets relatifs au service doivent être remis dans les départements aux directeurs des postes · lorsqu'ils auront été jetés à la boîte, ils seront assujettis à la taxe; néanmoins, les lettres et paquets valablement contre signés par les fonctionnaires résidant dans les communes dépourvues d'établissements de poste aux lettres, seront valablement déposés dans les boîtes rurales de ces communes. *Ibid.*, art. 28.

La franchise n'existe pas pour les fonctionnaires ayant leur résidence dans la même ville, Paris excepté. Décis. min. fin., 13 juin 1831.

Voici maintenant les fonctionnaires avec lesquels le juge de paix peut correspondre en franchise et les modes qu'il doit employer :

Par lettres fermées, avec les procureurs de la République de leur arrondissement et le procureur général de leur ressort ;

Par lettres fermées, mais avec la condition que la faculté de fermer n'est autorisée que pour lettres pesant moins de 10 grammes, simplement pliées et cachetées sans additions ni pièces jointes, ni enveloppe extérieures et portant, sur la suscription, la mention suivante : *Lettre confidentielle ;*

Avec les conservateurs et les inspecteurs des forêts de la conservation forestière dont leur canton fait partie;

Avec les inspecteurs des postes et les recteurs de l'académie de leur département ;

Avec le premier président et les juges de paix du ressort de leur Cour d'appel et avec tous les maires de canton, avec le président des assises de leur département.

Sous-bande seulement :

Avec le premier président et juges de paix de leur ressort, les procureurs généraux et de la République et juges d'instruction de tout l'État ;

Le préfet, le président des assises, les inspecteurs des postes, le recteur et le vice-recteur d'académie, les inspecteurs d'académie, l'inspecteur des postes et commissaires de police départementaux de leur département ;

Le sous-préfet et le vérificateur des poids et mesures de leur arrondissement ;

Les conservateurs, inspecteurs et sous-inspecteurs des forêts de la conservation où est situé leur canton ;

Avec les maires et commissaires de police cantonaux et brigadiers de gendarmerie de leurs cantons.

S'ils sont présidents ou membres des délégations cantonales de l'instruction primaire, ils peuvent correspondre sous bande seulement et en franchise avec les curés, délégués des consistoires, directrices des salles d'asile, instituteurs et institutrices publiques de leur canton, pasteurs des Eglises réformées de l'arrondissement, du consistoire.

Local de la justice de paix. Les frais de loyer et de réparation du local de la justice de paix, ainsi que ceux d'achat et d'entretien de son mobilier, sont des dépenses communales obligatoires. L. 18 juill. 1837, art. 30.

Les menus frais des justices de paix sont à la charge du département. L. 10 mai 1838.

Mobilier de la justice de paix, inventaire et récolement. Le concierge de chaque établissement judiciaire est constitué gardien responsable du mobilier du tribunal. S'il n'y a pas de concierge, cette responsabilité est mise à la charge du greffier. La prise en charge du mobilier est constatée à la suite de l'inventaire. L'inventaire est dressé par le greffier qui y procède sous la surveillance et la direction des juges de paix. L'inventaire contient la description de chaque objet de manière à en indiquer la nature, l'état matériel, et, autant que possible, le prix d'achat et la valeur actuelle. Le prix d'achat des objets neufs est toujours mentionné. L'inventaire est fait en double expédition : l'une est laissée entre les mains du greffier ; l'autre est remise, après vérification ou règlement, au maire du chef-lieu de canlon. Il est procédé à la vérification par le maire ou son délégué, en présence du juge de paix. Elle est faite avec le gardien responsable du mobilier, en présence du greffier rédacteur de l'inventaire. Un récolement est fait chaque année et à chaque mutation de gardien responsable. Dans l'intervalle d'un récolement au récolement suivant, le gardien responsable est tenu de faire consigner par le greffier sur l'expédition de l'inventaire déposé au greffe tous les changements survenus dans le mobilier. Décr. 20-30 juill. 1855.

Bulletin des lois. Les juges de paix sont compris parmi les fonctionnaires auxquels le *Bulletin des lois* doit être adressé à mesure de sa publication (Loi du 12 vend. an IV, art. 4). Les exemplaires de ce *Bulletin* leur parviennent par l'intermédiaire des procureurs de la République (Circul. 12 déc. 1850). A mesure de leur réception ces *Bulletins* doivent être déposés au greffe à perpétuelle demeure (Loi du 12 vend. an IV, art. 7) et le greffier est tenu de veiller à la conservation de la collection (Décr. 30 mars 1808, art. 92), les frais de reliure en sont à la charge du département (L. 10 mars 1838, art. 12); chaque juge de paix, en cessant ses fonctions, doit transmettre à son successeur la collection de ce recueil *entière* et *complète* (Circul. 28 avr. 1836).

GÉNÉRALITÉS ET TARIFS

GREFFIERS DE JUSTICE DE PAIX

Nomination des greffiers. Les greffiers de justice de paix sont nommés par le Chef de l'Etat. L. 28 flor. an X, art. 3.

Les greffiers de justice de paix ne peuvent être parents ou alliés jusqu'au degré d'oncle et de neveu inclusivement des juges de paix et suppléants de leur résidence. L. 20 avril 1810, art. 63. Voir aussi la loi du 6 mars 1791.

Il suffit d'être âgé de vingt-cinq ans pour être greffier d'une justice de paix. L. 16 vent. an XI, art. 1er.

Lorsque les greffiers de justice de paix ont un commis, le traitement de ce commis est à leur charge. L. 28 floréal an X, art. 4.

Dans les villes où il y a plusieurs justices de paix, il y a pour le tribunal de police un greffier particulier nommé par le Chef de l'Etat. Il fournit le cautionnement supérieur du quart en sus de celui que fournissent les greffiers de justice de paix établis dans la même ville. Il pourra s'adjoindre un commis greffier, qui sera tenu de prêter serment, et dont le traitement sera à sa charge. *Ibid.*, art. 14.

Cautionnement des greffiers. Les cautionnements des greffiers de justice de paix sont fixés ainsi qu'il suit :

A Paris, 10 000 francs ; à Bordeaux, Lyon, Marseille, 6 000 francs ; dans les communes de 50 à 100 000 habitants, 4 000 ; dans les communes de 30 001 habitants à 50000, 3000 francs; dans les communes de 10001 à 30000 habitants, 2400 francs; dans les communes de 5001 à 10000 habitants, 1800 francs; dans les communes de 3000 habitants et au-dessous, 1200 francs. L. 28 avril 1816, tit. IX, art. 88.

Serment des greffiers. Les greffiers et commis greffiers prêtent, avant d'entrer en fonctions, serment devant le juge de paix du canton, en ces termes : « En présence de Dieu et devant les hommes, je jure et promets en mon âme et conscience de bien loyalement remplir mes fonctions, et d'observer en tout les devoirs qu'elles m'imposent. » Décr. 5 avril 1852, art. 1er et 4 modifié par le décret du 11 septembre 1871.

Traitement des greffiers. Le traitement minimum des greffiers de justices de paix et des greffiers de tribunaux de police est de 650 francs. L. 23 août 1858 et L. 27 juillet 1870.

En cas de vacance d'une place de greffier, celui qui la remplit par intérim jouit du traitement ainsi que des émoluments qui y sont attachés, à la charge de pourvoir à toutes les dépenses du greffe. Décr. 30 janv. 1811, art. 32.

Tarif des greffiers. Aucuns frais ni émoluments ne peuvent être perçus par les greffiers de justices de paix que sur des états dressés par eux, qui sont vérifiés et visés par le juge de paix; ces états sont écrits au bas de l'expédition délivrée par le greffier, et, à défaut d'expédition, il est fait un état séparé.

Les greffiers doivent tenir un registre sur lequel ils inscrivent, par ordre de date et sans aucun blanc, toutes les sommes qu'ils reçoivent. Pour les actes de leur ministère, les déboursés et les émoluments sont inscrits dans des colonnes séparées, le registre est coté et paraphé par le juge de paix; il est tenu sous sa surveillance; ce magistrat doit, au moins à chaque trimestre, ou plus souvent s'il le juge convenable, le vérifier, l'arrêter, en dresser un procès-verbal qu'il adresse au procureur impérial avec ses observations. Le juge de paix doit informer le procureur de la Rép., toutes les fois qu'il découvrirait que les greffiers ou leurs commis ont perçu des droits plus forts que ceux qui sont attribués par les lois et règlements. Ordonn. 17-25 juill. 1825.

DÉSIGNATION.	Paris, Lyon, Bordeaux, Rouen.	VILLES 1re inst.	AUTRES.
	fr. c.	fr. c.	fr. c.
Transport, visite de lieux, audition des témoins, par chaque vacation de trois heures. Décr. 16 fév. 1807, art. 8......	3 33	2 50	1 67
Chaque rôle d'expédition de vingt lignes à la page et de dix syllabes à la ligne. Décr. 16 fév. 1807, art. 9............	» 50	» 40	» 40
Expédition de procès-verbal de non-conciliation. Décr. 16 fév. 1807 art 10.....	1 »	» 80	» 80
	—	—	—
Transmission de la récusation et réponse du juge. Décr. 16 fév. 1807, art. 14....	5 »	5 »	5 »
Assistance au conseil de famille, par vacation de trois heures. Décr. 16 fév. 1807, art. 16.........................	3 33	2 50	1 67
Assistance aux appositions, reconnaissances et levées de scellés. Décr. 16 fév. 1807, art. 16.........................	3 33	2 50	1 67
Actes de notoriété dressés en exécution des art. 70 et 71, C. Nap. Décr. 16 fév. 1807.	3 33	2 50	1 67
Pour les autres actes de notoriété. Décr. 16 fév. 1807.......................	» 67	» 50	» 84
Transport devant le président du tribunal, pour chaque myriamètre.............	1 33	1 33	1 33
Et par journée de 5 myriamètres.........	6 66	6 66	6 66
Vacation à l'effet de faire la déclaration de l'apposition des scellés sur le registre du tribunal de première instance. Décr. 16 fev. 1807, art. 17.................	3 33	2 50	1 67
Pour chaque opposition aux scellés faite par déclaration sur le procès-verbal. Décr. 16 fév. 1807, art. 18.................	» 50	» 40	» 40
Pour chaque extrait des oppositions aux scellés, par chaque opposition. Décr. 16 fév. 1807 art. 20...............	» 50	» 40	» 40
Actes de notoriété destinés à constater les ressources des demandeurs en concession de terres en Algérie. Décr. 23 av. 1852.	2 »	2 »	2 »
Contrat d'apprentiss. L. 22 fév. 1851, art. 2.	2 »	2 »	2 »
Par chaque avertissem. L. 2 mai 1855, art. 2.	» 25	» 25	» 25

DÉSIGNATION.	GÉNÉRAL.	Paris. Lyon, Bordeaux. Rouen.	VILLES 1re inst.	AUTRES.
	fr. c.	fr. c.	fr. c	fr.
Expédition pour tous les actes dont il est fait mention dans certains articles du C. inst. crim., par rôle. Décr. 18 juin 1811, art. 42	» 40	—	—	—
Liquidation de frais à raison de chaque article. Décr. 18 juin 1811, art. 51	» 05	—	—	—
Transport du greffier ou commis qui accompagne le juge d'instruction ou l'officier du ministère public, et par jour :				
Dans le premier cas, par jour	6 »	—	—	—
Dans le deuxième cas, par jour. Décr. 18 juin 1811, art. 89	8 »	—	—	—
Extrait de jugements en matière de simple police et aussi pour le recouvrement des condamnations. Décr. 7 avril 1813, art. 7	» 25	—	—	—
Relevé des jugements susceptibles d'opposition et d'appel destiné à être transmis au receveur d'enregistrement du canton, par affaire jugée. Inst., 15 avril 1838	» 10	—	—	—
Inscription des élèves stagiaires en pharmacie et extrait de ces inscriptions. L. 26 juill. 1864, art. 20	1 »	—	—	—
Légalisation, par chacune. L. 3 avril-2 mai 1861, art. 3	» 25	—	—	—
Remboursement du papier timbré : Pour chaque jugement porté sur la feuille d'audience, ceux de remise exceptés	» 80	—	—	—
Jugement de remise	» 25	—	—	—
Procès-verbal de conciliation sur régistre timbré	» 60	—	—	—
Procès-verbal de non-conciliation	» 30	—	—	—
Mention sur régistre timbré. Décr. 24 nov. 1871, art. 3	» 25	—	—	—
Prises de meubles dans les ventes judiciaires par chaque vacation de trois heures. Décr. 16 fév. 1807, art. 39	» »	8 »	5 »	4

DÉSIGNATION.	GÉNÉRAL.	Paris, Lyon, Bordeaux, Rouen.	VILLES 1re inst.	AUTRES.
	fr. c.	fr c.	fr. c.	fr.
Prisée de meubles dans les ventes volontaires : vacation pour priser, trois heures. L. 18 juin 1843, art. 1, et circulaire de M. le procureur général de Paris 4 janv. 1856	—	6 »	5 »	[illegible]
Vacation pour assister au référé s'il y a lieu	—	5 »	4 »	
Droit de vente non compris les déboursés pour y parvenir, en acquitter les droits, la rédaction des placards, par 100 francs	6 »	—	—	—
Vacations pour préparer les objets mis en vente (*)	—	6 »	5 »	5
Expédition ou extraits des procès-verbaux de vente, le rôle	1 50	—	—	[illegible]
Consignation à la caisse, s'il y a lieu	—	6 »	5 »	5
Poinçonnage des matières d'or et d'argent	—	6 »	5 »	5
Payement des contributions	—	4 »	3 »	3
Vente de fruits et récoltes : pour tous droits, non compris les déboursés (**), jusqu'à 10 000 francs, par 100 francs	2 »	—	—	—
L'excédant au-dessus, par 100 francs	» 25	—	—	—
Pour le recouvrement du prix, remise par 100 francs	1 »	—	—	—
Expédition ou extrait par chaque rôle de 25 francs	1 »	—	—	—
Versement à la Caisse des consignations. Décr. du 5 nov. 185.	—	4 »	3 »	3

(*) Elles ne sont allouées que si le produit de la vente s'élève à 3000 francs.

(**) La remise ne peut en aucun cas être inférieure à 6 francs.

POUVOIRS ET OBLIGATIONS DU JUGE DE PAIX COMME JUGE CIVIL AU CONTENTIEUX.

Lieu de la tenue des audiences. Le juge de paix est tenu de donner des audiences au chef-lieu du canton. L. 29 vent. an IX, art. 9.

Audience. Le juge de paix peut juger tous les jours, mais il doit avoir au moins deux audiences par semaine. C. proc., art. 8.

Le juge de paix peut donner audience chez lui en tenant les portes ouvertes. *Id.*

Tenue de l'audience. Le juge de paix peut condamner les parties qui lui manquent de respect à une amende qui n'excède pas dix francs. C. proc., art. 10.

Dans le cas d'insulte ou d'irrévérence grave envers le juge, il en dresse procès-verbal et peut condamner à un emprisonnement de trois jours au plus. C. proc. art. 11.

Dans les causes portées devant la justice de paix, aucun huissier ne peut assister, comme conseil ni représenter les parties comme procureur fondé, à peine d'une amende de 25 à 50 francs, qui sera prononcée sans appel par le juge de paix. Cette disposition ne s'applique pas à l'huissier qui plaide sa cause personnelle, celle de sa femme, de ses parents ou alliés en ligne directe et celle de ses pupilles. L. 25 mai 1838, art. 18, et C. proc., art. 86.

En cas d'infractions aux art. 16-17 et 18 de la loi du 25 mai 1838, le juge de paix peut défendre aux huissiers de son canton de citer devant lui, pendant un délai de quinze jours à trois mois, sans appel et sans préjudice de l'action disciplinaire et des dommages-intérêts des parties s'il y a lieu. L. 25 mai 1838, art. 19.

Citation. Le Code de procédure, art. 1 à 48, indique la procédure à suivre pour arriver à porter une affaire devant le juge de paix.

En matière mobilière et personnelle, la citation doit être donnée devant le juge de paix du domicile, ou s'il n'y a pas de domicile, de la résidence du défendeur. C. proc., art. 2.

En matière réelle où lorsqu'il s'agit de dommages aux champs, fruits et récoltes, déplacement de bornes, usurpation de terrains, actions possessoires, réparations locatives, indemnités pour non-jouissance de bail non-contesté, dégradations, etc. etc., la citation doit être donnée devant le juge de la situation de l'objet litigieux. C. proc., art. 5.

Les délais de la citation sont réglés par l'art. 5; ils peuvent être abrégés par cédule du juge de paix, art. 6.

Présentation volontaire. Les parties peuvent toujours se présenter volontairement devant un juge de paix; elles peuvent l'autoriser à juger, encore qu'il soit incompétent à raison de la situation du domicile du défendeur ou de l'objet litigieux. La déclaration des parties qui demandent jugement doit être signée par elles, ou mention est faite, si elles ne peuvent signer. C. proc., art. 7.

Interlocutoire. Dans le cas où un interlocutoire est ordonné, la cause doit être jugée définitivement, au plus tard, dans le délai de quatre mois du jour du jugement interlocutoire; après ce délai, l'instance sera périmée de droit. C. proc., art. 15.

Défaut. L'opposition aux jugements par défaut doit être formée dans les trois jours de la notification faite par l'huissier commis. C. proc., art. 20.

Le juge de paix peut allonger le délai de l'opposition, et relever de la déchéance un défaillant qui justifie de raisons graves d'absence. C. proc., art. 21.

Huissiers-audienciers. Tous les huissiers du canton sont tenus de faire le service des audiences et d'assister le juge de paix toutes les fois qu'ils en sont requis. Le juge de paix choisit ses huissiers audienciers. L. 25 mai 1838, art. 16.

Saisie-gagerie. Dans les cas où la saisie-gagerie ne peut avoir lieu qu'en vertu de permission de justice, cette permission est accordée par le juge de paix du lieu où la saisie est faite, toutes les fois que les causes sont de sa compétence.

S'il y a opposition de la part des tiers pour des causes ou pour des sommes qui, réunies, excéderaient cette compétence, le jugement en doit être déféré aux tribunaux de première instance. L. 25 mai 1838, art. 10.

Demandes réunies. Lorsque plusieurs demandes formées par la même partie sont réunies dans une même instance, le juge de paix ne prononce qu'en premier ressort, si leur valeur totale s'élève au-dessus de 100 francs, lors même que quelqu'une de ces demandes serait inférieure à cette somme ; il est incompétent sur le tout si ces demandes excèdent par leur réunion les limites de sa juridiction. L. 25 mai 1838, art. 9.

Demandes reconventionnelles. Les juges de paix connaissent de toutes les demandes reconventionnelles ou en compensation qui, par leur nature ou leur valeur, sont dans les limites de leur compétence, alors même que, dans les cas prévus par l'art. Ier de la loi du 25 mai 1838, ces demandes réunies à la demande principale s'élèveraient au-dessus de 200 francs.

Ils connaissent, en outre, à quelque somme qu'elles puissent monter, des demandes reconventionnelles en dommages-intérêts fondées exclusivement sur la demande principale elle-même. L. 25 mai, 1838, art. 7.

Lorsque chacune des demandes principales reconventionnelles ou en compensation sera dans les limites de la compétence du juge de paix en dernier ressort, il prononcera sans qu'il y ait lieu à appel. Si l'une de ces demandes n'est susceptible d'être jugée qu'à charge d'appel, le juge de paix ne prononcera sur toutes qu'en premier ressort ; si la demande reconventionnelle ou en compensation excède les limites de sa compétence, il pourra, soit retenir le jugement de la demande principale, soit renvoyer sur le tout à se pourvoir devant le tribunal de première instance, sans préliminaire de conciliation. L. 25 mai 1838, art. 8.

Exécution provisoire. Les juges de paix ordonnent l'exécution provisoire de leurs jugements dans tous les cas où il y a titre authentique, promesse reconnue ou condamnation précédente dont il n'y point eu d'appel. Dans tous les autres cas, le juge pourra ordonner l'exécution provisoire, nonobstant appel sans caution, lorsqu'il s'agira de pension alimentaire et lorsque la somme n'excédera pas 300 francs, et avec caution au-dessus de cette somme. La caution sera reçue par le juge de paix. L. 25 mai 1838, art. 11.

L'exécution provisoire peut-être ordonnée sur la minute du jugement, avec ou sans caution, suivant les règles ci-dessus, lorsqu'il y a péril en la demeure. L. 25 mai 1838, art. 12.

Cassation. Les jugements rendus par les juges de paix ne peuvent être attaqués par la voie du recours en cassation que pour excès de pouvoir. L. 25 avril 1838 art. 15.

Appel. L'appel des jugements de justice de paix n'est recevable ni avant les trois jours qui suivent là prononciation du jugement, à moins qu'il y ait lieu à exécution provisoire, ni après les trente jours qui suivront la signification à l'égard des personnes domiciliées dans le canton ; les personnes domicilées hors du canton ont pour interjeter appel, outre le délai de trente jours, le délai réglé par les art. 73 et 1033 du Code de procédure civile. L. 25 mai 1838, art. 13.

La qualification de jugement en premier ou dernier ressort n'influe pas sur la recevabilité de l'appel.

Sont sujets à l'appel les jugements qualifiés en dernier ressort qui statuent sur les questions de compétence ou sur des matières que le juge de paix ne pouvait connaître qu'en premier ressort; néanmoins, si le juge de paix s'est déclaré compétent, l'appel ne pourra être interjeté qu'après le jugement définitif. L. 25 mai 1838, art. 14.

ATTRIBUTIONS DU JUGE DE PAIX COMME JUGE CIVIL AU CONTENTIEUX.

Attributions judiciaires civiles contentieuses. Le juge de paix comme tribunal connaît :

Sans appel jusqu'à 100 *francs et avec appel jusqu'à* 200 *francs* :

De toutes les actions purement personnelles et mobilières. L. 25 mai 1838, art. 1.

Sans appel jusqu'à 100 *francs et avec appel jusqu'à* 1 500 *francs* :

1° Des contestations entre hôteliers, aubergistes ou logeurs et les voyageurs ou locataires en garni pour dépenses d'hôtellerie et perte ou avarie d'effets déposés dans l'auberge ou dans l'hôtel, entre les voyageurs voituriers ou bateliers pour retard, frais de route et perte ou avarie d'effets accompagnant les voyageurs ; entre les voyageurs et les carrossiers et autres ouvriers pour fournitures, salaires et réparations faites aux voitures de voyage. L. 25 mai 1838, art. 2 ;

2° Des indemnités réclamées par le locataire ou le fermier pour non-jouissance provenant du fait du propriétaire lorsque le droit à l'indemnité n'est pas contesté. L. 25 mai 1838, art. 4 ;

3° Des dégradations et pertes prévues par les art. 1732 et 1735 du Code civil sauf les pertes causées par incendie ou inondations pour lesquelles ils ne sont compétents que jusqu'à 200 francs. L. 25 mai 1838, art. 4.

Sans appel jusqu'à 100 *francs, avec appel à quelque valeur que s'élève la demande* :

1° Des actions en payement de loyer ou fermage, expulsion de lieux et demande en validité de saisie-gagerie lorsque les locations verbales ou par écrit n'excèdent pas annuellement 400 francs. L. 25 mai 1838, art. 3 ; L. 2 mai 1855, art. 1er.

Si le prix principal du bail consiste en denrées ou

prestations en nature, voir l'art. 3 de la loi du 25 mai 1838 pour le déterminer ;

2° Des actions pour dommages faits aux champs, fruits et récoltes soit par l'homme, soit par les animaux, et celles relatives à l'élagage des arbres ou haies et au curage soit des fossés, soit des canaux servant à l'irrigation des propriétés ou au mouvement des usines lorsque les droits de propriété ou de servitude ne sont pas contestés. L. 25 mai 1838, art. 5 ;

3° Des réparations locatives des maisons ou fermes mises par la loi à la charge du locataire. L. 25 mai 1838, art. 5 ;

4° Des contestations relatives aux engagements respectifs des gens de travail au jour, au mois et à l'année, et de ceux qui les emploient ; des maîtres et des domestiques ou gens de service à gages ; des maîtres, de leurs ouvriers ou apprentis, sans néanmoins qu'il soit dérogé aux lois et aux règlements relatifs à la juridiction des prud'hommes. L. 25 mai 1838, art. 5 ;

5° Des contestations en matière de contrats d'apprentissage. L. 22 févr. 1851, art. 18 ;

6° Des contestations relatives à la délivrance des congés et à la rétention des livrets dans les lieux où il n'y a pas de prud'hommes. L. 14 mai 1851, art. 7 ;

7° Des contestations relatives au payement des nourrices, sauf ce qui est prescrit, par les lois et règlements d'administration publique, à l'égard des bureaux de nourrices de la ville de Paris et de toutes les autres villes ; L. 25 mai 1838, art. 5 ;

8° Des actions civiles pour diffamations verbales ou pour injures publiques ou non publiques, verbales ou par écrit autrement que par la voie de la presse, pour rixes ou voies de fait, le tout lorsque les parties ne se sont pas pourvues par la voie criminelle. L. 25 mai 1838, art. 5 ;

9° Des contestations en matière d'octroi et de péage de ponts L. 2 vendém. an VIII, art. 2 et 3 ;

10° Des actions en restitution de titres se trouvant sous scellés dans les termes du décret du 6-8 pluv. an II, art. 1er.

11° De la fixation des indemnités en matière de chemins vicinaux. L. 21 mai 1836, art. 15 ;

A charge d'appel, ils connaissent :

1° Des entreprises commises dans l'année sur les cours d'eau servant à l'irrigation des propriétés et au mouvement des usines ou moulins, sans préjudice des attributions de l'autorité administrative dans les cas déterminés par les lois et règlements ; des dénonciations de nouvel œuvre, complaintes, actions en réintégrande et autres actions possessoires fondées sur des faits également commis dans l'année. L. 25 mai 1838, art. 6 ;

2° Des actions en bornage et celles relatives à la distance prescrite par la loi, les règlements particuliers, l'usage des lieux pour les plantations d'arbres ou de haies, lorsque la propriété et les titres qui l'établissent ne sont pas contestés. L. 25 mai 1838, art. 6 ;

3° Des actions relatives aux constructions et travaux énoncés dans l'article 674 du Code civil, lorsque la propriété ou la mitoyenneté du mur ne sont pas contestées. L. 25 mai 1838, art. 6 :

4° Des demandes en pension alimentaire n'excédant pas 150 francs par an et seulement lorsqu'elles sont formées en vertu des art. 205, 206, 207 C. civ. L. 25 mai 1838 ;

5° Des affaires de douanes C. 14 fruct. an III, art. 10

6° Des contestations en matière de drainage. L. 10 juin 1854, art. 4.

Ils connaissent souverainement :

Des appels en matière électorale. Décr. 2 févr. 1852, art. 21 et suiv.

Règles spéciales à quelques matières contentieuses particulières. En matière d'apprentissage, chemins vicinaux, douanes, eaux, élections, octrois, il y a quelques règles particulières dont les principaux traits sont les suivants :

Apprentissage: Les demandes à fin d'exécution de résiliation de contrat d'apprentissage sont jugées par le conseil des prud'hommes dont le maître est justiciable à défaut par le juge de paix du canton. L. 22 févr. 1851, art, 18.

Les indemnités ou les restitutions qui peuvent être dus à l'une ou à l'autre des parties en vertu de la loi sur l'apprentissage sont jugées également par le juge de paix, à défaut de conseil des prud'hommes. Même loi, art. 19.

Chemins vicinaux. Les arrêtés du préfet portant reconnaissance et fixation de la largeur d'un chemin vicinal attribuent définitivement au chemin le sol compris dans les limites qu'ils déterminent ; le droit des propriétaires riverains se résout en une indemnité qui est réglée à l'amiable ou par le juge de paix sur le rapport d'expert. L. 21 mai 1836, art. 15.

Douanes. Les juges de paix connaissent en première instance des saisies en matière de douanes et des contestations concernant le refus de payer les droits, le non-rapport des acquits-à-caution et autres affaires relatives aux douanes. L. 14 fruc. an III, art. 10; Décr. 4 germ. an II, tit. VI, art. 8, 12 et 13; L. 3 flor. an VII, tit. IV, art. 13. L. 17-19;Décr. 1814, tit. III et IV. L. 27-29 mars 1817, art. 12-14 et 15; L. 21 et 23 avril 1818, art. 35 et 36;Règl. 28 août 1816, art. 62.

Eaux. Les contestations auxquelles peuvent donner lieu l'établissement et l'exercice de la servitude de conduite d'eau, la fixation du parcours des eaux, l'exécution des travaux de drainage ou d'assèchement, les indemnités et les frais d'entretien sont portés en première instance devant le juge de paix du canton, qui, en prononçant, doit concilier les intérêts de l'opération avec le respect dû à la propriété ; s'il y a lieu à expertise il ne doit être nommé qu'un expert. L. 10-15 juin 1854, art. 5.

Elections. L'appel des décisions des commissions spéciales en matière d'élection est porté devant le juge de paix du canton : il est formé par une simple déclaration au greffe ; le juge de paix doit statuer dans les dix jours sans frais ni forme de procédure et sur simple avertissement donné trois jours à l'avance à toutes les parties intéressées. Toutefois, si la demande portée devant le juge de paix implique la solution préjudicielle d'une question d'Etat, il renverra préalablement les parties à se pourvoir devant les juges compétents, et fixera un bref délai dans lequel la partie qui aura élevé la question préjudicielle devra justifier de ses diligences. Il est alors procédé conformément aux articles 855, 856, 858 du Code de procédure : la décision du juge de paix est en dernier ressort, mais peut être déférée à la Cour de cassation ; le pourvoi doit être formé dans les dix jours de la notification de la décision : les pièces sont transmises sans frais par le greffier de paix à la Cour de cassation. Tous les actes judiciaires en matière d'élection sont dispensés de timbre et enregistrés gratis. Décr.-loi 2 fév. 1852 et art. 20 à 24 et décr. régl. art. 5, 6, et suiv.

Octrois et ponts à péages. Les contestations civiles qui peuvent s'élever sur l'application du tarif ou ou sur la quotité des droits exigés, sont jugées sommairement et sans frais par le juge de paix de l'arrondissement, à quelques sommes que le droit contesté puisse s'élever, en dernier ressort ou à charge d'appel, suivant la quotité de la somme.

Avant tout débat, le contestant doit consigner entre les mains du receveur le droit exigé ; il ne peut être entendu que lorsqu'il rapporte au juge la quittance de cette consignation. L. 2 vend. an VIII, art. 1er et 3 ; L. 27 frim. an VIII, art. 13 et 14 ; Ordonn. 9 déc. 1814, art. 81 et 82.

Télégraphie. Le juge de paix fixe l'indemnité due pour déplacement des objets qui gênent la transmission des signaux sur les lignes de télégraphie aérienne déjà établies. L. 27 déc. 1851, art. 9.

ATTRIBUTIONS DU JUGE DE PAIX COMME CONCILIATEUR.

Attributions du juge de paix comme conciliateur. Aucune demande principale introductive d'instance entre parties capables de transiger, et sur des objets qui peuvent être la matière d'une transaction, ne doit être reçue devant les tribunaux de première instance, que le défendeur n'ait été préalablement appelé en conciliation devant le juge de paix, ou que les parties n'y aient volontairement comparu. C. proc., art. 48.

Les articles 49 et suivants du Code de procédure indiquent : les demandes dispensées du préliminaire de conciliation, le juge qui doit en connaître, le délai, la forme de la comparution. Si le juge de paix peut parvenir à concilier les parties, il en dresse un procès-verbal, et les conventions qu'il y constate ont force d'obligations privées ; s'il ne peut y réussir, il fait simplement mention que les parties n'ont pu s'accorder. C. proc., art. 54.

Si l'une des parties défère le serment à l'autre, le juge de paix le recevra ou fera mention du refus de le prêter. C. proc., art. 55.

Voir pour les effets et les résultats de l'assignation en conciliation, les articles 56 et 57 du C. de proc.

Les juges de paix ne sont pas seulement conciliateur pour les causes qui doivent être jugées par les tribunaux civils.

Ils le sont même pour celles qui doivent être portées devant eux.

Il est défendu aux huissiers, pour toutes les causes, excepté celles où il y a péril en la demeure et celles dans lesquelles le demandeur est domicilié hors du canton ou des cantons de la même ville, de donner la citation sans qu'au préalable le juge de paix n'ait appelé les parties devant lui au moyen d'un avertissement sur timbre. L. 2 mai 1855, 25 mai 1838, art. 17; L. 25 août 1871, art. 21.

En cas d'infraction à cette disposition, le juge de paix peut défendre aux huissiers contrevenant de citer devant lui pendant un délai de quinze jours à trois mois sans appel, sans préjudice de l'action disciplinaire et de dommages-intérêts des parties. L. 25 mars 1838, art. 19.

Tableau alphabétique des demandes qui sont dispensées du préliminaire de conciliation. C. proc., art. 49.

Avoués en payement de leurs frais (les demandes des).

Arrérages de rentes ou pensions (les demandes d').

Célérité (les demandes qui requièrent).

Commerce (les demandes en matière de).

Communes (les demandes qui intéressent les).

Communications (les demandes sur les).

Curateurs aux successions vacantes (les demandes qui intéressent les).

Désaveu (les demandes en).
Etablissements publics (les demandes qui intéressent les).
Etat (les demandes qui intéressent l').
Fermages (les demandes en payement de).
Frais des avoués (les demandes en payement des).
Garantie (les demandes en).
Incidentes (les demandes).
Interdits (les demandes qui intéressent les).
Intervention (les demandes en).
Loyers (les demandes en payement de).
Mainlevée de saisie ou opposition (les demandes en).
Mineurs (les demandes qui intéressent les).
Mise en liberté (les demandes en).
Offres réelles (les demandes en validité d').
Opposition à mariage. Arg. de la célérité.
Ordre public (les demandes qui intéressent l').
Plus de deux parties (les demandes formées contre).
Prise à partie (la).
Règlement de juge (les demandes en).
Remises de titre (les demandes de).
Renvoi (les demandes en).
Saisie (les demandes formées sur).
Séparation de biens (les demandes en).
Séparation de corps (les demandes en). Arg de la loi.
Tiers saisi (les demandes contre un).
Tutelle (les demandes sur la).
Vérifications d'écritures (les demandes en).

ATTRIBUTIONS DU JUGE DE PAIX COMME MAGISTRAT DE FAMILLE.

Conseils de famille. Le juge de paix préside et dirige les conseils de famille. L. 16 août 1790. C. civ. 416.

Le juge de paix peut provoquer lui-même la réunion d'un conseil de famille pour un mineur. C. civ. art. 406.

Le juge de paix convoque les parents qui doivent faire partie du conseil de famille à défaut de parents domiciliés à une distance convenable; il peut convoquer des citoyens connus pour avoir eu des relations habituelles d'amitié avec le père ou la mère du mineur. C. civ. art. 409.

Le juge de paix peut permettre de citer et convoquer au conseil de famille des parents qui sont hors de la distance. C. civ. art. 410.

Le juge de paix règle le délai pour comparaître, de manière qu'il y aît au moins trois jours, plus le délai des distances entre la convocation et la réunion. C. civ. art. 411.

Le juge de paix peut prononcer sans appel une amende de 50 francs contre les parents qui, convoqués, ne comparaissent pas. C. civ. art. 413.

Le juge de paix peut toujours ajourner une assemblée de famille ou la proroger. C. civ. art. 414.

Le juge de paix désigne le local où se tient une assemblée de famille: en l'absence de désignation, elle se tient chez lui. C. civ. art. 415.

Le juge de paix a voix prépondérante en cas de partage. Art. 416.

TABLEAU DES ATTRIBUTIONS DU CONSEIL DE FAMILLE.

Il procède sans qu'il soit besoin d'une homologation :

1° A la nomination des tuteurs aux mineurs et interdits. C. civ., 505 et 506;

2° A la nomination des subrogés tuteurs des mineurs et interdits;

3° A la nomination des protuteurs. C. civ., 417;

4° A la nomination des tuteurs et subrogés tuteurs aux condamnés à une peine infamante. C. pén. art. 29;

5° Au choix d'un tuteur entre deux bisaïeuls appartenant à la ligne maternelle. C. civ., 404;

6° A la nomination d'un tuteur provisoire, en cas de disparition du père du mineur. C. civ., 142;

7° A la nomination d'un curateur au mineur émancipé. C. civ., 482;

8° A la nomination d'un curateur au ventre. C. civ., 393;

9° A la nomination du tuteur *ad hoc* et subrogé tuteur *ad hoc* dans les cas prévus par le Code civil, 159, 398, 968;

10° A la nomination d'un tuteur *ad hoc* à l'enfant désavoué. C. civ., 318;

11° Il autorise le tuteur à employer les revenus du mineur, et fixe la somme qui sera consacrée à son éducation. C. civ., 454, 455;

12° Il statue sur le maintien de la tutelle aux veuves qui se remarient. C. civ., 395;

13° Il délibère pour confirmer le choix d'un tuteur fait par la mère remariée, et maintenue dans la tutelle. C. civ., 400;

14° Il délibère sur la convenance de rendre la tutelle à ceux qui l'ont perdue. C. civ., art. 431;

15° Il délibère à l'égard des inscriptions pour les mineurs dans le cas de prêts faits par voie de crédit foncier. L. 16 juin 1853, art. 23;

16° Il autorise le subrogé tuteur à affermer au tuteur les biens du mineur. C. civ., art. 450;

17° Il autorise le tuteur à conserver en nature une partie du mobilier du mineur. C. civ., art. 452;

18° Il délibère pour autoriser le tuteur à accepter ou répudier une succession échue au mineur. C. civ., art. 461;

19° Pour autoriser l'action en partage à l'égard des mineurs et interdits. C. civ., art. 817;

20° Pour autoriser le tuteur à accepter une donation faite au mineur. C. civ., art. 463;

21° Il nomme un curateur pour l'acceptation d'une donation faite au sourd-muet qui ne sait pas écrire. C. civ., art. 936;

22° Il autorise le tuteur à introduire une instance sur les droits immobiliers du mineur. C. civ., art. 464;

23° Et à provoquer un partage. C. civ., art. 465;

24° Il autorise la tutelle officieuse des orphelins. C. civ., art. 361;

25° Il autorise le *mariage* du mineur, C. civ.,

art. 160; il peut y former *opposition*, C. civ., art. 175;

26° Il autorise les conventions de son contrat de mariage. C. civ., art. 1398;

27° Il autorise le tuteur à consentir un enrôlement volontaire du mineur. L. 21 mars 1832;

28° Il émancipe le mineur resté sans père ni mère, et âgé de dix-huit ans accomplis. C. civ art. 478;

29° Il retire l'émancipation. C. civ., art. 485;

30° Il autorise le transfert des inscriptions de rente au-dessus de 50 francs appartenant à des interdits. L. 24 mars 1806;

31° Il autorise le transfert des actions de la banque de France. Décr. 24 sept. 1813;

32° Il nomme un tuteur chargé de l'exécution d'une substitution. C. civ., art. 1056;

Le Conseil donne des avis qui n'ont de valeur que lorsqu'ils sont homologués par l'autorité compétente :

1° Pour autoriser l'aliénation ou l'hypothèque des biens du mineur. C. civ., art. 457;

2° Pour autoriser une transaction au nom du mineur. C. civ., art. 467;

3° Pour obtenir la réclusion du mineur. C. civ., art. 468;

4° Sur les demandes en interdiction. C. civ., art. 495;

5° Sur les demandes en nomination de conseil judiciaire. C. civ., art. 514;

6° Pour la demande en restriction de l'hypothèque légale du pupille contre le tuteur, si elle n'a pas été faite par la nomination du tuteur. C. civ., art. 2141, 2143;

7° Sur la demande en restriction de l'hypothèque légale de la femme, si elle n'est pas réduite par le contrat de mariage. C. civ., art. 2140, 2144;

8° Il donne son avis sur les conventions matrimoniales de l'enfant d'un interdit. C. civ., art. 511;

9° Sur les demandes en destitution de tuteur. C. civ., art. 446;

10° Sur la nomination d'un administrateur provisoire au bien de toute personne non interdite, et placée dans un établissement d'aliénés. L. 30 juillet 1838, art. 32;

11° Il donne son avis, quand il est consulté sur celui des époux auquel doit être confié l'enfant en cas de séparation de corps. C. civ., art. 302 ;

12° Sur les demandes en rectification des actes d'état civils. C. proc., art. 856.

ATTRIBUTIONS ET COMPÉTENCE DU JUGE DE PAIX COMME JUGE DE POLICE.

Attributions du juge de paix comme juge de police. L'article 137 du Code d'instruction criminelle attribue aux tribunaux de police la répression de tous les faits qui, d'après le Code pénal, peuvent donner lieu, soit à 15 francs d'amende et au-dessous, soit à cinq jours d'emprisonnement et au-dessous, qu'il y ait ou non confiscation des choses saisies, et quelle qu'en soit la valeur ; les fonctions de ministère public sont remplies devant le tribunal de police, par le commissaire de police ou à défaut, par le maire ou son adjoint. C. d'instr. crim., art. 144.

Pour la constitution du tribunal de police, les citations, l'instruction, l'exécution, l'appel des jugements de police, voir C. d'instr. crim., art. 137 à 178.

Compétence en matière de simple police. La connaissance des contraventions de simple police est attribuée aux juges de paix et aux maires, suivant la distinction suivante :

Les juges de paix *connaissent exclusivement :*

1° Des contraventions commises dans l'étendue de la commune chef-lieu du canton ;

2° Des contraventions dans les autres communes de leur canton, lorsque, hors le cas où les coupables auront été pris en flagrant délit, les contraventions auront été commises par des personnes non domiciliées ou non présentes dans la commune, ou lorsque les témoins qui doivent déposer n'y sont pas résidants ou présents;

3° Des contraventions à raison desquelles la parti qui réclame conclut, pour ses dommages-intérêts, à un somme indéterminée ou à une somme excédant 15 francs

4° Des contraventions forestières poursuivies à l requête des particuliers ;

5° Des injures verbales ;

6° Des affiches, annonces, ventes, distributions ou débi d'ouvrages écrits ou gravures contraires aux mœurs ;

7° De l'action entre gens qui font métier de devine et pronostiquer ou d'expliquer les songes.

Les juges de paix *connaissent aussi, mais concurrem ment avec les maires :* de toutes autres contraventio commises dans leur arrondissement. C. d'instr. crim art. 138 à 140.

Dans les communes dans lesquelles il n'y a qu'u juge de paix, il connaît seul des affaires attribuées à so tribunal ; dans les communes divisées en deux ou plu sieurs justices de paix, le service au tribunal de polic est fait successivement par chaque juge de paix, e commençant par le plus ancien ; dans ce cas, il y a u greffier particulier pour le tribunal de police. C. d'inst crim., art. 141, 142.

Le juge de paix *ne connaît pas* des actions et pou suites exercées par l'administration générale des forêt en réparation des contraventions forestières. C. forest art. 171.

Tableau des contraventions de simple police.

Abandon d'armes, coutres de charrues ou autres in struments aratoires. C. pén., art. 471, n° 7.

Affiches (Enlèvement des) de l'administration. C. pén art. 479, n° 9.

Afficheurs, distributeurs et crieurs d'imprimés gravures contraires aux mœurs. C. pén., art. 47 n° 13.

Animaux morts (Défaut d'enfouissement des). L. oct. 1791, art. 13 ; L. 23 therm. an IV, art. 2.

Animaux (Mauvais traitements envers les). L. 2 juil 1850.

Boulangers et *Bouchers*, inexécution des règlements relatifs à la taxe. C. pén., art. 479, nº 6.

Bruit ou tapage injurieux ou nocturne, troublant la tranquillité publique. C. pén., art. 479, nº 3.

Chemins publics, dégradation et usurpation. C. pén., art. 479, nº 11.

Chemins publics (Enlèvement de gazons, terres, matériaux dans les). C. pén., 479, nº 12.

Chèvres envoyées à la vaine pâture en contravention. L. 6 oct. 1791, art. 18; L. 23 therm. an IV, art. 2.

Chiens (Excitation des) contre les passants, défaut de les retenir. C. pén., art. 475, nº 7.

Coalition de propriétaires, fermiers, moissonneurs, domestiques et ouvriers de la campagne. L. 6 oct. 1791, art. 20; L. 23 therm. an IV, art. 2.

Coupe de velours coton (Inobservation des lois et règlements relatifs à l'industrie de la). L. 11-21 juillet 1865, art. 2.

Coutres de charrue, leur abandon. C. pén., 471, nº 7.

Divagation de fous furieux ou animaux malfaisants ou féroces. C. pén., art. 475, nº 7.

Dommages aux propriétés mobilières. C. pén., art. 479, nº 1.

Eaux, transmissions volontaire et dommageable aux voisins. L. 6 oct. 1791, art. 15; L. 23 therm. an IV, art. 2.

Echelles (Abandon d'). C. pén., art. 471, nº 7.

Echenillage (Défaut d'). C. pén., art. 471, nº 8.

Eclairage, auberges et autres lieux publics. C. pén., art. 471, nº 3; — des matériaux et excavations (Défaut d'), *ibid.*, nº 4.

Embarras de la voie publique. C. pén., art. 471, nº 4.

Enlèvement de gazon, terres, matériaux dans les chemins publics et communaux. C. pén., art. 479, nº 11.

Exécution des jugements criminels (Refus des travaux nécessaires à l'). L. 22 germ. an IV, art. 1 et 2.

Exposition de choses insalubres et nuisibles. C. pén., art. 471, nº 1.

Fêtes et dimanches (Inobservation des). L. 18 nov. 1814.

Feux allumés dans les champs à une distance prohibée. L. 6 oct. 1791, art. 10 ; L. 23 therm. an IV, art. 2.

Fours, cheminées ou usines (Défaut d'entretien des). C. pén., art. 471, n° 1.

Fruits cueillis ou mangés sur les lieux. C. pén., art. 471, n° 9.

Fumiers et engrais (Enlèvement sans permission des). Loi 6 octobre 1791 art. 33 ; Loi 23 thermidor an IV article 2.

Glanage, ratelage et grappillage. C. pén., art. 471, n° 10 ; L. 6 oct. 1791, tit. II, art. 21 ; L. 23 therm. an IV, art. 2.

Injures simples sans provocation. C. pén., art. 471, n° 11.

Inondation de l'héritage d'autrui. L. 6 oct. 1791, art. 15 ; L. 23 therm. an IV, art. 2.

Instruments (Abandon d'). C. pén., art. 471, n° 7.

Jet de choses pouvant nuire par leur chute ou par leurs exhalaisons. C. pén., art. 474, n° 6.

Jet d'immondices sur quelqu'un. C. pén., art. 474, n° 12.

Jet volontaire de pierres ou autres corps durs et d'immondices. C. pén., art. 475, n° 8.

Jeux de loterie ou de hasard dans un lieu public. C. pén., art. 475, n° 5.

Livrets (Inexécution des lois concernant les). L. 22 juin 1854, art. 11.

Monnaies nationales (Refus de recevoir les). C. pén., art. 475, n° 11.

Pacage d'animaux atteints de maladies contagieuses. L. 6 oct. 1790, art. 23 ; L. 23 therm. an IV, art. 2.

Pacage d'animaux dans les deux jours de la récolte. L. 6 oct. 1790, art. 22.

Pacage ou conduite de bestiaux sur le terrain d'autrui et non gardés à vue. C. pén., art. 479, n° 10.

Passage du fait de l'homme sur le terrain d'autrui, préparé ou ensemencé. C. pén., art. 471, n° 13.

Passage du fait de l'homme sur le terrain d'autrui chargé de récolte. C. pén., art. 475, n° 9 ; — avec bestiaux, animaux de trait, de charge ou de monture, *ibid.*, n° 10.

Passage de bestiaux ou autres animaux sur le terrain d'autrui avant l'enlèvement de la récolte. C. pén., art. 471, nº 14.

Patrons et *ouvriers*, inexécution des lois concernant le règlement des conventions en matière de bobinage et de tissage. L. 7 mars 1850, art. 8; — inexécution des lois et règlements concernant les livrets et registres des patrons et ouvriers. L. 22 juin 1854, art. 11.

Pièces d'artifices, prohibition d'en tirer en certains lieux. C. pén., art. 471, nº 2.

Pinces (Abandon de). C. pén., art. 471, nº 7.

Poids, emploi différent de ceux établis. C. pén., art. 479, nº 6.

Police du roulage (Contraventions à la). L. 31 mai 1851, et règlement d'administration publique, 10 août 1852; — conduite des chevaux et autres bêtes de charge sur les chemins et voies publiques. C. pén., art. 475, nº 3.

Ponts (Inobservation des règlements sur la police des). L. 6 frim. an VII, art. 51 et suiv.

Récoltes sur pied (Vol de). C. pén., art. 475, nº 15.

Registres des hôteliers, défaut de tenue et de présentation. C. pén., art. 475, nº 2.

Règlements administratifs légalement faits (Inobservation des). C. pén., art. 471, nº 15.

Roulage (infraction à la police du). L. 31 mai 1851, (V. *Police du Roulage*.)

Rue ou passage, négligence de nettoyer ou de balayer. C. pén., art. 471, nº 4.

Secours en cas de sinistre (Refus de prêter). C. pén., art. 475, nº 12.

Service public; refus, en cas de sinistre, de faire certains travaux. C. pén., art. 475, nº 12.

Teinture des étoffes (Inobservation des lois et règlements relatifs à la). L. 11-21 juillet 1856, art. 2.

Témoins, refus de déposer. C. d'instr. cr., art. 157.

Tissage (Inobservation des lois et règlements relatifs à l'industrie du). L. 7 mars 1850, art. 8.

Travail des enfants dans les manufactures, inobservation des prescriptions de la loi. L. 22 mars 1841, art. 12.

Travail (Refus de) pour l'exécution des jugements criminels. L. 22 germ. an IV, art. 2.

Violences légères. L. 3 brum. an IV, art. 605.

Voie publique (Embarras de la). C. pén., art. 471, n° 4.

Voies de fait et violences légères. L. 3 brum. an IV, art. 605.

Voirie (Inobservation des règlements concernant la petite). C. pén., art. 471, n° 5.

Voitures, mauvaise direction. C. pén., art. 475, n° 3.

Vol de récoltes et autres productions utiles non encore détachées du sol. C. pén., art. 475, n° 15.

Volailles à l'abandon. L. 6 oct. 1791, art. 12; L. 23 therm. an IV, art. 2.

ATTRIBUTIONS
NON CONTENTIEUSES DU JUGE DE PAIX

Absent. Le juge de paix délégué par le procureur impérial, ou dûment requis, assiste à l'inventaire des biens d'un absent. C. Nap. art. 126.

Acte de notoriété. Le juge de paix délivre les actes de notoriété destinés à suppléer un acte de naissance dont la production est exigée pour contracter mariage. C. Nap., art. 70 et 71 ;

Les actes de notoriété destinés à constater l'absence d'un ascendant dont le consentement est nécessaire pour contracter mariage. C. Nap., art. 155 ;

Les actes de notoriété destinés à suppléer soit l'acte de naissance, soit l'acte de décès ou la déclaration d'absence d'un ascendant en cas d'adoption. C. Nap. art. 71 et 155 ;

Les actes de notoriété destinés à suppléer un acte de naissance pour opérer un versement à la caisse des retraites. Décr. 18 août 1853, art. 3, 4, 9 et 16.

Les actes destinés à constater l'identité d'un militaire. Déc. du min. de la guerre du 24 brum. an XII.

Les actes destinés à constater les ressources pécuniaires des individus qui sollicitent des concessions en Algérie. Décr. 23 avril 1852, art. 1er.

Adoption. Le juge de paix passe acte du consentement respectif de l'adoptant et de l'adopté. C. Nap. art. 353.

Affirmation. Le juge de paix reçoit l'affirmation des procès-verbaux des gardes champêtres, gardes particuliers et autres agents de l'autorité ou préposés de la police dans les matières suivantes :

Bacs et bateaux. Arr. 8 prair. an XI, art. 26.

Chasse. L. 3 mai 1844, art. 24.

Contributions indirectes. Décr. 1er germ. an XII, art. 25 ; 24 avril 1806, art. 50; Décr. 16 mars 1813, art. 3.

Digues du Rhône. Décr. 15 mai 1813, art. 26.

Douanes. L. 4e complém. an VI.

Eaux minérales. L. 14 juil. 1856, art. 16.

Forestières. C. forest. art. 34, 87, 88, 99, 165 et 189.

Machines à vapeur. L. 21 juill. 1856, art. 22.

Militaires. L. 22 juin 1854, art. 4; 21 mai 1858; Décr. 16 déc. et 16 sept. 1811, art. 19.

Mines. L. 21 avril 1810, art. 94.

Navigation. L. 14 brum. an VII, art. 26.

Octrois. L. 27 frim. an VII, art. 8.

Pêche. L. 15 avril 1829, art. 44.

Ponts. Décr. 1er germ. an XIII, art. 46.

Ports. L. 9-13 août 1791, art. 17.

Roulage. L. 30 mai 1851, art. 18.

Rurales. L. 28 flor. an X. art. 1er.

Télégraphes. Décr. 27 déc. 1851, art. 1er.

Voirie (Gr. et pet.). L. 29 flor. an X, art. 2; L. 18 août 1810, art. 2; Décr. 16 déc. 1811, art. 112. V. v° *Procès-verbaux*.

Affirmation. Le juge de paix reçoit l'affirmation des rapports des experts chargés de l'estimation d'immeubles proposés à l'État. Ordonn. 12 déc. 1827, art. 4.

reçoit celle des certificats délivrés aux jurés empêchés. C. min. 22 sept. 1818. — Voyez *infra*, v° Procès-verbaux.

Aliénés. Les juges de paix doivent visiter les établissements d'aliénés, recevoir les réclamations des personnes qui y sont placées et prendre les renseignements propres à faire connaître leurs positions. L. 30 juin 1838, art. 4.

Ils apposent leur visa sur le registre desdits établissements quand ils les visitent. Même loi, art. 12.

Apprentissage. Le juge de paix peut, à défaut des tuteurs, autoriser une personne à consentir un contrat d'apprentissage pour des enfants mineurs. L. 22 fév. 1851, art. 3.

Avertissements. Le juge de paix cote et parafe le registre des avertissements ; chaque mois il s'en fait remettre un extrait, et, après en avoir vérifié l'exactitude, le certifie et l'envoie au procureur de la République. L. 2 mai 1855 ; C. min. 22 avril 1856.

Biens du clergé. Le juge de paix doit dresser procès-verbal de la prise de possession des cures et succursales par les curés et desservants et des menses par les évêques et archevêques. Décr. 6 nov. 1813, art. 7, 18 et 46.

Caisse des retraites. En cas d'absence d'un des conjoints depuis plus d'une année, le juge de paix peut accorder l'autorisation de faire des versements à la caisse des retraites au profit exclusif du déposant. L. 18 juin 1858, art. 4.

Il peut autoriser un mineur de dix-huit ans, à verser à la caisse des retraites. Décr. 18 août 1853, art. 5 et 6.

Certificat d'indigence. Le juge de paix vise et approuve les certificats d'indigence délivrés pour faciliter le mariage des indigents, la légitimation de leurs enfants naturels ou le retrait de leurs enfants des hospices. L. 10 déc. 1850, art. 6.

Certificat d'individualité. Le juge de paix délivre les certificats d'individualité pour faciliter le recouvrement d'arrérages de rente et de pensions sur l'Etat. Décr. 26 fruct. an XIII, art. 2.

Certificat de propriété. Le juge de paix peut délivrer les certificats de propriété nécessaires pour opérer au cas de décès le transfert de rentes sur l'Etat ou le recouvrement d'arrérages de toutes autres pensions (L. 28 flor. an VII, art. 6) ; — pour le recouvrement des cautionnements versés au Trésor (Décr. 28 sept. 1806, art. 1); — pour le recouvrement de solde, de traitement ou de pensions de retraite des officiers (Décr. 1er juill. 1809, art. 2); — pour le retrait de fonds versés à la caisse d'épargne (L. 7 mai 1853, art. 3) ; — pour les versements à la caisse des retraites. L. 28 mai 1853, art. 8.

Certificat de vie. Le juge de paix peut délivrer les certificats de vie aux pensionnaires et invalides de la marine dont la pension n'excède pas 200 francs (L. 15 germ. an V, art. 6) ;—aux pensionnaires ou rentiers infirmes et hors d'état de se transporter en l'étude du notaire chargé de la délivrance. Décr. 23 sept. 1806, art. 1.

Chasse. Voyez *Gibier*.

Commerce maritime. Les juges de paix reçoivent l'affirmation des rapports des capitaines de navire dans le cas de jet à la mer d'une partie de leur chargement, s'il n'y a pas de juges consulaires pour la recevoir. C.comm., art. 413.

Ils reçoivent les procès-verbaux de visite de navire que les capitaines sont tenus de faire opérer avant de prendre charge. C. comm., art. 225; ordonn. 1er nov. 1826, art. 1, 2 et 3.

Ils reçoivent les rapports des capitaines en cas de naufrage, de relâche forcée ou d'abandon de navire. C. comm., art. 243, 245, 246, 247.

Ils donnent l'autorisation d'emprunter sur le corps et la quille du vaisseau, de vendre ou de mettre en gage une partie du chargement. C. comm., art. 234 et 243.

Commissionnaire de transport. Le juge de paix, à défaut du président du tribunal du commerce, nomme par ordonnance au pied d'une requête le ou les experts chargés de vérifier l'état d'une marchandise transportée, sur l'état de laquelle s'élève, à la réception, une contestation. C. comm., art. 106.

Commissions rogatoires. Le juge de paix reçoit les commissions rogatoires à l'effet de recevoir le serment d'une partie, de procéder à une enquête, à une visite de lieux (C. proc., art. 121, 255, 414, 1035), en matière d'expertise (C. proc. art. 305, 956, 971, 1035), en matière commerciale. C. comm., art. 16; C. proc., art. 428.

Conseil spécial de tutelle. Le juge de paix reçoit la déclaration par laquelle le père nomme à la mère tutrice un conseil spécial de tutelle. C. civ., art. 392.

Conservateur des hypothèques. Le juge de paix a qualité pour dresser procès-verbal de refus ou retard apporté par un conservateur à la transcription des actes de mutation, ou à l'inscription de droits hypothécaires, ou à la délivrance de certificats. C. civ., art. 2199.

Contributions directes. Le juge de paix dresse procès-verbal de constatation du déménagement furtif des locataires. L. 26 mai 1831, art. 20.

Cote et parafe. Le juge de paix cote et parafe divers registres, dont suit la nomenclature :

Avertissements (Registre d'inscription des). L. 2 mai 1855, art. 2.

Brasseurs (Registre des). L. 28 avril 1816, art. 126.

Consignations en matière de simple police (Registre des). Ordonn. 28 juin-6 juill. 1832, art. 1 et 2.

Contributions indirectes (Registre des employés des). L. 28 avril 1816, art. 241.

Débitants de boissons (Registre des). L. 28 avril 1816, art. 55.

Dépôt de signatures de notaires (Registre du greffe contenant le). Décis. minist. 26 août 1861.

Douanes (Registre des bureaux de). L. 6-22 août 1791, tit. XIII, art. 27.

Elèves en pharmacie (Registre des inscriptions des). Décr. 5 fév. 1860. art. 2.

Protêts (Registre des). C. comm., art. 176, et L. 5 juin 1850, art. 33 et 44.

Recettes des greffiers (Registre des). Ord. 17 juill. 1825, art. 3.

Répertoire des compagnies d'assurances terrestres et maritimes. L. 5 juin 1850, art. 33 et 44.

Répertoire des actes de greffe. L. 22 frim. an VII, art. 53, et décr. 14 juin 1813, art. 46.

Rôle des affaires civiles de justice de paix (Registre du). L. 16-26 oct. 1791, tit. VII art. 1 et 2

Délégations judiciaires. Le juge de paix peut être chargé par un autre magistrat de procéder en son lieu et place : c'est ainsi qu'il peut recevoir les commissions rogatoires pour un serment, une caution, un interrogatoire sur faits et articles, nommer des experts, et généralement faire une opération quelconque en vertu d'un jugement. C. proc. civ., art. 1035 ; — spécialement recevoir le serment d'une partie. C. proc., 121 ; — procéder à une enquête. C. proc., 255 ; — recevoir les dépositions des témoins. C. proc., 412 ; — faire une visite de lieux ; nommer des experts et recevoir leur serment C. proc., 305 ; — présider le jury d'expropriation en matière de chemins vicinaux. L. 21 mai 1836, art. 16 ; — en matière commerciale, faire une opération que lui demande un tribunal de commerce. C. comm.. art. 16 ; C. proc., art 428.

Délinquant inconnu. Les gardes forestiers doivent amener devant les juges de paix ou devant le maire les délinquants inconnus surpris en flagrant délit. C. for. 163 ; L. 3 mai 1844, art. 25.

Délit forestier. Perquisition, séquestre, art. 161, 163, 168, 189 Code forestier

Emancipation. Le juge de paix, assisté de son greffier, reçoit les déclarations d'émancipation. C. civ., art. 477 et 478; L. 15 pluv. an XIII, art. 4; Décr. 19 janv. 1811, art. 15.

Exécutoire. Un visa du juge de paix rend exécutoires les contraintes délivrées par les agents compétents du fisc;

Particulièrement en matière de :

Contributions indirectes. Contraintes qui sont délivrées par la régie. Décr. 1er germ. an XIII, art. 43 et 44.

Douanes. Contraintes délivrées par la régie des douanes. L. 6-22 août 1791, tit. III, art. 12, et tit. XIII, art. 23-31 et 32.

Echenillage. Les contraintes décernées pour le recouvrement des frais d'échenillage. L. 26 vent. an IV, art. 7.

Enregistrement. Les contraintes délivrées par l'administration de l'enregistrement et des domaines. L. 22 frim. an VII, art. 64 et s.; 28 avril 1816, art. 76.

Enregistrement. Pour le recouvrement de droits

d'enregistrement avancés par les greffiers, huissiers et autres officiers ministériels. L. 22 frim. an VII, art. 30.

Inspecteurs des finances. Contraintes délivrées par les inspecteurs des finances contre les receveurs des communes. Décr. 27 févr. 1811, art. 6.

Malversations. Les contraintes décernées par les receveurs particuliers contre les percepteurs en état de malversation. Arr. 16 therm. an VII, art. 55.

Octroi. Les contraintes délivrées par les receveurs municipaux pour recouvrer les droits d'octroi. Décr. 15 nov. 1810, art. 1 et 2; Ordonn. 9 nov. 1814, art. 36 et 44.

Pesage, mesurage et jaugeage publics (Les contraintes délivrées pour le recouvrement des droits de). Décr. 26 sept. 1811.

Postes. Les contraintes délivrées par les directeurs de bureau de poste. L. 20 mai 1854, art. 2.

Recettes communales. Les contraintes décernées par les inspecteurs des finances contre les receveurs des communes. Décr. 27 fév. 1811, art. 6.

Experts, expertises. Le juge de paix nomme des experts dans les cas suivants, en matière de :

Bail à convenant ou domaine congéable. L. 6 août 1791, art. 17.

Contributions indirectes. L. 28 avril 1816, art. 146.

Drainage. L. 17 juill. 1856, art. 6.

Enregistrement. L. 22 frim. an VII, art. 18.

Marques de fabrique, pour opérer la description ou saisie de produits contrefaits. L. 17 juill. 1857, art. 17.

Transports par terre ou par eau, pour constater l'état des objets transportés, en cas de contestation, et pour évaluer le dommage en cas d'avaries. C. comm., art. 106, 107 et 114.

Vices rédhibitoires, pour les constater. L. 20 mai 1838, art. 5.

Extraits. Le juge de paix doit envoyer tous les trois mois les extraits des jugements de simple police qu'ils ont rendus. C. d'inst. crim., art. 178.

Extraits des registres de l'enregistrement. Les juges de paix autorisent la remise des extraits aux personnes autres que les parties. L. 22 frim. an VII, art. 58.

Feuilles d'audience. Le juge de paix en fait le récolement et la vérification mensuelle. Ordonn. 5 nov. 1823, art. 3

Gibier. Le juge de paix délivre l'ordonnance pour faire remettre au bureau de bienfaisance le gibier saisi en temps prohibé pour la chasse. L. 2 mai 1844, art. 4.

Hypothèque légale. Le juge de paix a le droit de requérir l'hypothèque légale du mineur sur les biens du tuteur au cas d'emprunt au Crédit foncier. L. 10 juin 1853, modifiant le décret du 28 févr. 1852, art. 25.

Inventaire après faillite. L'inventaire après faillite est dressé en double minute par le syndic en présence du juge de paix, qui le signe à chaque vacation. C. comm., art. 480 et 522

Jury. Le juge de paix est vice-président de la commission cantonale qui dresse la liste préparatoire de la liste annuelle du jury. Décr. 7-12 août 1848, art. 11 et 12. Voir dans ce décret, art. 14, les dispositions spéciales à Paris et la banlieue de Paris, art. 15, la procédure à suivre pour convoquer cette commission.

Légalisation. Les juges de paix légalisent les signatures des actes des notaires et des officiers d'état civil. L. 2 mai 1861, art. 1er, et pour l'Algérie, Décr. 19 oct. 1860, art. 1er, et Inst. de la régie, 14 août 1861.

Marques de fabrique. Le juge de paix délivre les ordonnances pour autoriser la description de produits qu'un propriétaire de marque prétend avoir été marqués à son préjudice. L. 15 juin 1857, art. 17.

Militaires absents. Le juge de paix doit donner avis au ministre de la guerre lorsqu'il est apposé des scellés après décès de personnes auxquelles succèdent des militaires absents. L. 11 vent. an II, art. 1er; L. 16 fruct. an II, art. 1er.

Minutes du greffe. Le juge de paix est chargé de la surveillance des minutes du greffe de la justice de paix. L. 26 frim. an IV, art. 4; arr. 28 brum. an VI, art. 1234.

Notoriété. V. *Acte de notoriété.*

Patente. Le juge de paix a le droit d'en exiger la représentation. L. 25 avril 1844, art. 27.

Perquisition. La présence du juge de paix est nécessaire pour autoriser les perquisitions en diverses matières ci-après :

Contributions indirectes. L. 28 avril 1816, art. 237. L. 25 mars 1817, art. 105 et 106.

Délits et contraventions forestiers. C. forest., art. 160, 161, 162 et 163.

Délits ruraux ou contraventions rurales. C. instr. crim., art. 16.

Douanes. L. 6-22 août 1791, tit. XIII, art. 35 et 36.

Postulation. Décr. 19 juill. 1810, art. 4, 5 et 6.

Propriété littéraire, pour la recherche des exemplaires contrefaits. L. 25 prair. an III, art. 1er.

Police judiciaire. Le juge de paix exerce la police judiciaire sous l'autorité des Cours d'appel. C. instr. crim., art. 9.

Il a le droit de requérir dans ses fonctions la force publique. C. instr. crim., art. 25.

En cas de réquisition de la part d'un chef de maison et de flagrant délit, il a le droit de dresser les procès-verbaux, de recevoir les déclarations de témoins, faire les visites et autres actes qui sont, dans ce cas, de la compétence du procureur de la Rép. C. instr. crim., art. 8, 9, 30 à 54, et 283.

Il procède aussi en vertu de commissions rogatoires. C. instr. crim., art. 83 à 86, 283, 303 et 304.

Il ordonne la mise en liberté des personnes illégalement détenues. C. inst. crim., art. 615 à 618.

Postulation. Les perquisitions pour découverte de faits de postulation illicite doivent être faites en présence du juge de paix. L. 27 vent. an VIII, art. 94 ; Décr. 19 juill. 1810, art. 4.

Présence du juge de paix. Voir *Perquisition*, *Roulage*.

Procès-verbaux. Le juge de paix reçoit l'affirmation des procès-verbaux des agents ci-dessous désignés :

Agents spéciaux de surveillance des appareils et bateaux à vapeur. L. 21 juill. 1856, art. 22.

Agents voyers. L. 30 mai 1851, art. 18 ; 21 juill. 1856, art 22.

Cantonniers chefs en matière de police de roulage. - L.

30 mai 1851, art. 18; — et de grande voirie. L. 30 mars 1842, art. 2.

Capitaines et lieutenants de port, pour contravention à la police des ports. L. 9-13 août 1791, art. 17.

Conducteurs de ponts et chaussées, pour contraventions de grande voirie. Décr. 18 août 1810, art. 2. — Police forestière. C. forest. art. 145 et 165. — Police du roulage. L. 30 mai 1851, art. 18. — Appareils et bateaux à vapeur. C. 21 juill. 1856, art. 22.

Eclusiers. Police des canaux. L. 15 avril 1829, art. 41.

Employés des poids et mesures, pour la police du roulage. L. 30 mai 1851, art. 18.

Employés du service de la navigation. La police de la navigation. L. 14 brum. an VII, art. 26. — Police des bacs et bateaux. Arr. du 8 prair. an XI, art. 26. — Police des ponts. Décr. 1er germ. an XIII, art. 46. — Contravention de grande voirie. Décret 18 août 1810, art. 2. — Police des appareils et bateaux à vapeur. L. 21 juill. 1856, art. 22.

Gardes champêtres. Police rurale. L. 28 flor. an X, art. 11. — Plantation des routes. Décr. 16 déc. 1811, art. 112. — Pêche fluviale. L. 15 avril 1829, art. 44 — Police de la chasse. L. 3 mai 1844, art. 24. — Police du roulage. L. 30 mai 1851, art. 18.

Gardes forestiers. Police forestière. C. forest. art. 87, 88, 89, 99 et 165. — Police de la chasse. L. 3 mai 1844, art. 24. — Police du roulage. L. 30 mai 1851, art. 18.

Gardes particuliers et gardes-chasse. Police rurale. L. 28 flor. an X, art. 11. — Police forestière. C. forest, art. 165 et 189. — Police de la chasse. L. 3 mai 1844, art. 24.

Gardes-pêche. Police de la pêche. L. 15 avril 1829, art. 44. — Police de la chasse. L. 3 mai 1844, art. 24.

Gardes des digues du Rhône. Décr. 15 mai 1813, art. 26.

Gardes du génie militaire. Décr. 10 août 1853, art. 40.

Gardes d'artillerie. L. 22 juin 1834, art. 4.

Gardes de batterie. L. 21 mai 1858.

Gardes et agents des chemins de fer. L. 21 juill. 1845, art. 24.

Gardes et agents de surveillance des lignes télégraphiques. Décr. 26 déc. 1851, art. 11.

Gardes et agents de surveillance des mines pour la police des mines. L. 21 avr. 1810, art. 94. — Pour la police des sources minérales. L. 14 juill. 1856, art. 16.

Ingénieurs des ponts et chaussées, pour les contraventions de grande voirie. L. 29 flor. an X, art. 2 ; Décr. 18 août 1810, art. 1 ; Décr. 16 déc. 1811, art. 112.

Maîtres, contre-maîtres et aides contre-maîtres assermentés de la marine. C. forest. art. 34 et 165.

Piqueurs des ponts et chaussées, pour contravention de grande voirie. L. 30 mars 1842, art. 2. — Contravention à la police du roulage. L. 30 mai 1851, art. 18.— Appareils et bateaux à vapeur. L. 21 juilll. 1856, art. 22.

Portiers, concierges de bâtiments militaires. Décr. 16 sept. 1811, art. 19.

Préposés de l'administration des contributions indirectes. Décr. 1er germ. an XII, art. 25. — Taxe du sel. L. 24 avril 186, art. 57. — Poudres et salpêtres. Décr. 16 mars 1813, art. 3. — Police du roulage. L. 30 mai 1851, art. 18.—Contraventions de grande voirie. Décr. 18 août 1810, art. 2.

Préposés de la régie des douanes. Matière de douane. L. 4e complém. an XI. art. 6. — Taxe du sel. L. 28 avril 1806, art. 57. — Police du roulage. L. 30 mai 1851, art. 18.

Préposés des octrois. L. 27 frim. an VIII, art. 8. — Contraventions de grande voirie. Décr. 16 août 1810, art. 1 et 2.—Police du roulage. L. 30 mai 1851, art. 18.

Récolement. Le juge de paix fait le récolement et la vérification mensuelle des feuilles d'audience, des registres des minutes et des actes des greffes de sa justice, et en transmet l'état de situation au procureur de la Rép. Ordonn. 5 nov. 1823.

Reconnaissance d'enfants naturels. Les juges de paix peuvent recevoir les actes de reconnaissance d'enfants naturels. C. civ. art. 334.

Registres de l'état civil. Le juge de paix vérifie par délégation les registres de l'état-civil. Ordonn. 26 nov. 1823, art. 5.

Registres des consignations. Le juge de paix cote et parafe ; il vérifie et transmet tous les avis au procureur impérial, le compte sommaire des consignations faites en matière de police, par les parties civiles. Ordonn. 28 juin 1852, art. 5.

Registres des recettes. Le juge de paix vérifie tous les trois mois le registre que le greffier de paix doit tenir des sommes qu'il touche ; il y appose son visa et en adresse un procès-verbal de la vérification au procureur impérial. Ordonn. 17 juill. 1825, art. 3.

Réhabilitation des condamnés. Le juge de paix du lieu où a demeuré un condamné doit approuver les attestations de bonne conduite que ce dernier doit rapporter pour être admis à se faire réhabiliter. C. instr. crim. art. 620.

Roulage. Le juge de paix procède, en présence des préposés de la régie, de l'enregistrement et des entrepreneurs de messagerie et de roulage, à l'ouverture et l'inventaire des ballots, malles, caisses, paquets, confiés à des entrepreneurs de roulage et de messagerie et qui n'ont pas été réclamés dans le délai de six mois. Décr. 13 août 1810, art. 3.

Saisie-arrêt ou opposition. Le juge de paix reçoit dans certains cas la déclaration affirmative des tiers saisis. C. proc. art. 571 et 638.

Saisie-exécution. Le juge de paix doit être présent pour autoriser l'ouverture des portes trouvées fermées, dont on refuse l'entrée à l'huissier qui instrumente. C. proc., art. 587.

Le juge de paix peut, sur la demande du saisissant, le propriétaire et le saisi entendus ou appelés, établir un gérant à l'exploitation de biens tenus à bail par le saisi. C. proc., art. 594.

Saisie-foraine. Le juge de paix peut autoriser à pratiquer une saisie foraine. C. proc., art. 822.

Saisie à la requête des compositeurs de musique dans les lieux où il n'y a pas de commissaires de police. Le juge de paix doit y assister. L. 19 juill. 1799 et 25 prair. an XIII.

Scellés. Le juge de paix est chargé de faire les appositions et les levées de scellés lorsqu'il y a lieu. C. proc., art. 907 et suiv.

Cas où il y a lieu à apposition de scellés :

Absence. En cas d'absence constatée. Arg. des auteurs.

Archevêque, évêque, curés, desservants. Après le décès des archevêques, évêques, curés et des desservants, les scellés sont mis d'office sur leurs biens. Déc. 6 nov. 1813, art. 37, 16 et 18.

Commerçant disparu. Les scellés doivent être apposés sur les facultés de tout négociant disparu. C. art. 457.

Conjoint absent. Après le décès d'une personne dont le conjoint est absent. C. proc., art. 911.

Dépositaire public. C. proc., art. 911.

Disparition d'actif. Le juge de paix appose d'office les scellés avant déclaration de faillite chez un négociant, lorsqu'il y a disparition d'actif.

Faillite. Lorsqu'un négociant tombe en faillite, les scellés sont mis sur ses facultés mobilières. C.c. art. 457 et 479.

Héritier absent. Après le décès de ceux dont les héritiers ne sont pas présents sur les lieux. C. proc., art. 911.

Interdit. Lorsque quelqu'un décède laissant pour héritier un interdit. Arg. des auteurs.

Mineurs. Lorsque l'héritier du défunt est un mineur sans tuteur. C. proc., art. 911.

Notaire. Au décès d'un notaire les scellés sont apposés sur les minutes et répertoires de l'étude. L. 25 vent. an XI, art. 61.

Officiers généraux, ou supérieurs de toute arme, inspecteurs aux revues, officiers de santé en chef des armées retirés ou en activité; après leur décès. Arr. 13 niv. an X, art. 1er.

Officiers et militaires. Après leur décès. Instr. minist. de la guerre, 15 nov. 1809, art. 123.

Palais nationaux. Formes dans lesquelles il doit y être procédé à l'apposition des scellés, quand il y a besoin. Ord. 25 août 1817, art. 2 ; Ord. 25 avr. 1820, art. 7.

Réquisition. Les scellés doivent être apposés à la réquisition de tout prétendant droit à la succession ou à communauté; de tous créanciers autorisés en titre exécutoire, ou ayant une permission, soit du président soit du juge de paix, en cas d'absence, par les domestiques. C. proc., art. 909 et 910.

Saisie-exécution. Les scellés doivent être apposés en matière de saisie-exécution, sur les papiers trouvés au domicile du saisi absent. C. proc., art. 587 et 591.

Séparation de corps. Il y a lieu à scellés. C. Nap., art. 270, 306, 307 et 301.

Séparation de biens. Argument tiré de l'art. 869.

Serment. Le juge de paix reçoit le serment de divers fonctionnaires et employés, experts, officiers ministériels suivants :

Buralistes tenant les bureaux de la régie. Instr. minis. 17 janv. 1817.

Débitants de tabac et de poudre. Décis. minist. 30 nov. 1816.

Employés de la régie des contributions indirectes. Décr. 1er germ. an XIII, art. 20.

Experts chargés de priser les meubles de la communauté ou de la succession qui doivent être inventoriés. C. proc., art. 935.

Experts choisi par le subrogé tuteur pour priser les meubles du mineur, conservés par les père et mère survivants. C. civ., art. 453.

Experts commis en matière d'enregistrement quand les immeubles sont situés dans le ressort de plusieurs tribunaux. L. 15 nov. 1808, art. 1er.

Fonctionnaires qui sont tenus de prêter serment devant le tribunal de première instance, ne résidant pas dans le lieu où siége le tribunal. L. 16 therm. an IV, art. 1er.

Gardes champêtres des communes, lorsqu'ils ne sont pas chargés de la garde des bois. L. 28 sept.-6 oct. 1791, tit. I, sect. VII, art. 5. — Décr. 5 avril 1852. (Les gardes chargés de surveiller les bois, les gardes particuliers, prêtent serment devant le tribunal civil.)

Gardes-vente ou facteurs dans les bois et forêts. C. forest. art. 31.

Greffiers et commis-greffiers. Décr. 5 avril 1852.

Octroi (Préposés de l'). Ordonn. 9 déc. 1814, art. 35.

Postes (Directeurs, directrices, facteurs et autres employés des). Décr. 26-29 août 1790, art. 2.

Préposés au pesage, mesurage et jaugeage publics. Arr. 7 brum. an IX, art. 2.

Receveurs de l'enregistrement qui ne résident pas dans une ville où il y a un tribunal de première instance. L. 16 therm. an IV, art. 1er.

Receveurs buralistes de la Régie. Instr. direct. gén. 17 janvier 1817.

Statistique. Les juges de paix font partie de commissions de statistique. Ils peuvent en avoir la présidence. Décr. 1er juill. 1852.

Testaments. Les juges de paix reçoivent exceptionnellement les testaments dans les lieux avec lesquels toute communication est interceptée par suite d'épidémie. C. civ., 985 et s.

Tutelle officieuse. Le juge de paix dresse procès-verbal des demandes et consentements relatifs à cette tutelle. C. civ., art. 363.

Vente. Les juges de paix autorisent la vente d'objets déposés dans les lazarets. L. 3-9 mars 1822, art. 20.

Les juges de paix autorisent la vente d'objets saisis à la suite de contraventions ou de délits ;

En matière de :

Douanes. Décr. 20 nov. 1806, art. 1 et 2. — Décr. 18 sept. 1811, art. 1 et 2.

Délits forestiers. C. forest., art. 169.

Octrois. Ordonn. 9 déc. 1814, art. 82.

Pêche fluviale. L. 15 avril 1829, art. 12.

Visa. Le juge de paix appose son visa sur :

1° *Les états de frais* des greffiers de justice de paix. Ordonn. 17 juil. 1825, art. 1er.

2° *Les exploits signifiés* à l'État, au trésor public, aux administrations, aux établissements publics et aux communes, lorsque celui à qui l'exploit est remis refuse de les viser. C. proc., art. 69.

3° *Les procès-verbaux* et les rapports en matière de douanes, pour tenir lieu d'enregistrement, lorsqu'il n'existe pas de bureau dans la commune du dépôt des marchandises saisies, ni dans celle où siége le tribunal compétent pour connaître les contraventions. L. 9 flor. an VII, tit. IV, art. 9.

4° *Les registres des aliénés*. L. 30 juin 1838, art. 12.

5° *Les certificats d'indigence* délivrés pour faciliter le mariage des indigents, la légitimation de leurs enfants naturels ou le retrait de leurs enfants des hospices. L. 10 déc. 1850, art. 6.

6° *Les registres des recettes* des greffiers. Ordonn. 17 juill. 1825, art. 3.

7° *Les mandats d'amener, de comparution, de dépôt ou d'arrêt* des prévenus trouvés hors de l'arrondissement de l'officier qui a délivré le mandat. art. 98 C. instr. crim.,

Visite des manufactures. Les juges de paix peuvent être désignés pour visiter et inspecter les manufactures dans lesquelles des enfants sont employés. L. 22-24 mars 1841, art. 10.

Visite des écoles. Les juges de paix, qui, à Paris, font nécessairement partie des délégations cantonales organisées par les articles 42 et 43 de la loi du 15 mars 1850, sont, dans les départements, ordinairement désignés par les préfets pour présider ces délégations. A ce titre, ils ont la surveillance des établissements d'instruction primaire, et ils doivent les visiter au moins une fois par mois. Règl d'adm. publ., 28 août 1850, art. 45.

BIBLIOTHÈQUE

DES JUGES DE PAIX ET DES GREFFIERS DES JUSTICES DE PAIX

PRINCIPAUX OUVRAGES DE DROIT

UTILES AUX JUGES DE PAIX

ET AUX GREFFIERS DES JUSTICES DE PAIX

AGNEL. Code manuel des propriétaires et locataires de maisons. 1 fort vol. in-8. 5 fr. 50

ALLAIN. Manuel des juges de paix. Troisième édition. 3 vol. in-8. 27 fr.

— Code formulaire des officiers de police judiciaire et des tribunaux de simple police. 2 vol. in-12. 8 fr.

BIOCHE. Traité des actions possessoires. 1 volume in-8. 8 fr.

BONNESŒUR. Tarif des juges de paix. In-8. 3 fr.

BOST. Encyclopédie des justices de paix. 2 v. in-8. 16 fr.

BOURBEAU. De la justice de paix, compétence et procédure. In-8. 9 fr.

CÈRE (Paul). Manuel du juge de paix et du justiciable de la justice de paix. 1 vol. in-18 4 fr.

— Manuel du maire, de l'adjoint et du conseiller municipal. 1 vol. in-18. 5 fr.

COUTURIER. Formulaire général des justices de paix. In-8. 8 fr. 50

DAVIEL. Pratique des cours d'eau. 3 vol. in-8. 20 fr.

DELSOL. Code Napoléon expliqué. 3 vol. in-8. 22 fr.

DEMOLOMBE. Traité de la minorité, tutelle, émancipation. 2 vol. in-8. 16 fr.

— Traité de la distinction des biens. 2 vol. in-8. 16 fr.

— Traité des servitudes et services fonciers. 2 volumes in-8. 16 fr.

DESGODETS. Lois des bâtiments. Nouvelle édition par Lepage. 2 vol. in-8. 12 fr.

DIEUZAIDE. Traité de la compétence des juges de paix. In-8. 7 fr.

DUFOUR. Police des eaux. In-8. 7 fr.

— De l'expropriation et dommages causés à la propriété. 1 vol. in-8. 7 fr.

DUVERGER. Manuel criminel des juges de paix. Troisième édition. In-8. 5 fr. 50

FÉRAUD-GIRAUD. Traité de la grande voirie et de la voirie urbaine. 1 vol. in-12. 4 fr.

— Voies rurales publiques et privées et servitudes rurales de passage. 1 vol. in-8. 6 fr.

FONS. Les tarifs en matière civile annotés des frais et dépens devant les juges de paix. In-8. 6 fr. 50

GALISSET et MIGNON. Nouveau traité des vices rédhibitoires. 1 vol. in-8. 6 fr.

GUIBAL. Nomenclatures des contraventions qui sont de la compétence. 1 vol. in-12. 3 fr.

GUILBON. Traité de la compétence civile des juges de paix. In-8. 8 fr.

— Traité de la police du roulage. In-8. 8 fr.

— Traité de la police judiciaire. In-8. 4 fr.

— Traité des règlements administratifs. In-8. 4 fr.

HÉROLD. Le droit électoral devant la Cour de cassation. 1 vol. in-8. 6 fr.

HUZARD et HAREL. De la garantie et des vices rédhibitoires, dans la vente des animaux domestiques. 1 vol. in-12. 3 fr. 50

JAY. Formulaire à l'usage des justices de paix et tribunaux de simple police. In-8. 2 fr.

— Traité de la compétence générale des juges de paix en matière civile. 1 vol. in-8. 8 fr.

— Traité de la compétence des tribunaux de simple police. 1 vol. in-8. 8 fr.

— Traité du bornage. 1 vol. in-8. 6 fr.

— Traité des conseils de famille. In-8. 5 fr.

— Dictionnaire général et raisonné des justices de paix. Troisième édition, par MM. Beaume et Million. 5 volumes in-8. 40 fr.

— Et GIRARDOT. Des tarifs et de la taxe des actes de justices de paix. In-8. 3 fr.
— Et BEAUME. Vaine pâture. In-12. 2 fr. 50
— Et BEAUME. Table des Annales des justices de paix de l'an II à 1862. 1 vol. in-8. 10 fr.
LEIGNADIER. Formulaire des trib. de paix. In-8. 5 fr.
MAGNIN. Traité des minorités, tutelles et curatelles. 1842. 2 vol. in-8. 15 fr.
NADAULT DE BUFFON. Traité théorique des eaux de sources et des eaux thermales. 1 vol. in-8. 10 fr.
MILLET. Traité du bornage. In-18. 4 fr. 50
MILLION (Charles) et **BEAUME.** Table décennale du Bulletin des décisions des juges de paix, 1859–1868. 1 vol. in-8. 8 fr.
MILLION (Louis). Responsabilité des vices de graine de vers à soie. In-8. 1 fr. 50
— Contrat d'apprentissage. In-8. 2 fr. 50
— Contrat d'engagement. In-8. 2 fr. 50
PERRIN et **RENDU.** Dictionnaire des constructions et de la contiguïté, 1867. In-8. 9 fr.
PÉROT. Le Code rural de 1791, commenté et expliqué. 1 vol. in-12. 2 fr. 50
PIONIN. Dictionnaire de police. 1 vol. in-8. 7 fr.
ROGER et **SOREL.** Codes et Lois usuelles, nouv. édit. 1869. 1 vol. grand in-8. 15 fr.
— Edition in-32. 2 vol. reliés. 8 fr.
ROUSSET. Dictionnaire de la voirie. 1 vol. in-18. 4 fr.
SALIN. De l'importance sociale des Juges de paix en France. 1 vol. in-8. 8 fr.
SIREY et **GILBERT.** Code civil annoté avec supplément. 2 vol. in-8. 26 fr.
TRIPIER. Les Codes français. Edition in-8, relié. 25 fr.
— Edition diamant. In-32 relié. 7 fr. 50
VAUDORÉ. Le droit civil des Juges de Paix. 3 volumes. in-8. 15 fr.
— Le droit rural français. 2 vol. in-8. 12 fr.
VUATINE. Code annoté des tribunaux de simple police. In-12. 6 fr.

JOURNAUX, OUVRAGES ET IMPRIMÉS PUBLIÉS PAR L'ADMINISTRATION DES ANNALES.

ANNALES DES JUSTICES DE PAIX

RECUEIL MENSUEL

DE LÉGISLATION, DE DOCTRINE ET DE JURISPRUDENCE

Par MM. Alex. BEAUME et Ch. MILLION
Avocats à la Cour impériale

ET UNE SOCIÉTÉ DE MAGISTRATS, D'AVOCATS ET DE JURISCONSULTES

Un cahier par mois de deux à trois feuilles grand in-8o

L'administration des *Annales* a, depuis 1792, date de sa fondation, travaillé constamment à donner à son recueil une grande supériorité sur toutes les publications analogues, et le succès a couronné ses efforts; les *Annales* sont devenues l'auxiliaire préféré de tous les magistrats cantonaux.

Pour répondre, autant que possible, à l'estime et à la sympathie qu'on lui témoigne, elle a cru devoir récemment perfectionner encore sa rédaction. Dans ce but, elle s'est adressée aux magistrats et aux jurisconsultes qui, par leurs travaux et leur notoriété, étaient désignés comme alliant au plus haut degré la connaissance pratique des affaires de justice de paix à la science consommée du droit. Partout elle a rencontré un accueil empressé, un concours actif et un dévouement qu'elle a souvent déjà mis à l'épreuve, soit pour résoudre des difficultés juridiques, soit pour assurer le succès des démarches qu'elle a dû faire dans l'intérêt de la justice cantonale.

Le comité de rédaction compte actuellement parmi ses membres : MM. Alph. FRANÇOIS, O. ✻ et HÉROLD, conseillers d'Etat ; Ant. BRANCHE, O. ✻, avocat général à la

Cour de cassation ; François SAINT-MAUR ✠, président de chambre à la Cour de Pau ; H. BERTAULD, ✠, professeur de droit à Caen, député ; BEAUVOIS-DEVAUX ✠, avocat au Conseil d'Etat et à la Cour de cassation ; ROSTAING, juge au tribunal de Vienne (Isère) ; GIRARDOT, juge de paix à Melun ; CARRÉ, juge de paix du 1er arrondissement de Paris ; Silas RICHARD, juge de paix de Fontainebleau (Seine-et-Marne) ; DESPEAUX, ✠, juge de paix à Saint-Germain en Laye (Seine-et-Oise) ; Boulé, juge de paix à Arpajon (Seine-et-Oise) ; BONNIER, O. A., juge de paix à Roubaix (Nord), etc., etc., des magistrats de la Cour de Cassation et de la Cour d'appel, et un grand nombre d'avocats du barreau de Paris et de professeurs des Facultés de droit.

DICTIONNAIRE GÉNÉRAL ET RAISONNÉ

DES

JUSTICES DE PAIX

EN MATIÈRE CIVILE, ADMINISTRATIVE

DE SIMPLE POLICE ET D'INSTRUCTION CRIMINELLE

PAR J.-L. JAY

TROISIÈME ÉDITION, CONSIDÉRABLEMENT AUGMENTÉE

Par MM. ALEX. BEAUME et CH. MILLION

Avocats à la Cour impériale de Paris.

Prix : 40 francs. — Pour les abonnés aux Annales des justices de paix, 25 francs seulement.

L'utilité des dictionnaires traitant toute une matière spéciale par ordre alphabétique est démontrée par une longue expérience et un succès constant. Cette coordination PAR MOTS des différentes questions que soulève une spécialité abrége le travail en facilitant les recherches, toujours longues et incertaines dans les traités méthodiques. Aussi les grands répertoires, comme le Sirey et le Dalloz, ont-ils rencontré grande faveur auprès des magistrats et des jurisconsultes.

Notre Dictionnaire, moins étendu et moins considérable parce qu'il se renferme étroitement dans la compétence des juges de paix, n'a pas été moins heureux, et ce qui le prouve, c'est qu'il a déjà été tiré à deux éditions et qu'il est sur le point d'en épuiser une troisième.

Cette troisième édition se recommande par des additions considérables. Plus de cent mots nouveaux ont été ajoutés à l'œuvre, et les mots anciens ont été augmentés, revus et mis au courant de la doctrine et de la jurisprudence. Aussi nous pouvons affirmer sans crainte que ce dictionnaire, en *cinq forts volumes* in-8°, est le seul complet qui existe actuellement sur la matière, comme il est le plus nouveau. Il ne fallait assurément pas moins de 2400 pages pour contenir une véritable encyclopédie du droit des justices de paix.

Table alphabétique et chronologique de la collection complète des *Annales des justices de paix* depuis l'an II jusques et y compris 1862. 1 vol. in-8°. 10 fr.

Table décennale du Bulletin des décisions des juges de paix, 1859-1868, par Beaume et Million. 1 vol. in-8. 8 fr.

Traité de la compétence générale des juges de paix et de leurs nombreuses attributions en matière civile et de procédure civile. 1 très-fort vol. in-8°. 8 fr.

Traité de la compétence générale des tribunaux de simple police, de la police judiciaire et de la procédure, des contraventions et de l'instruction criminelle. 1 très-fort vol. in-8°. 8 fr.

Traité des conseils de famille, des tuteurs, subrogés tuteurs, curateurs et des conseils judiciaires 3e édition. 1 vol. in-8°. 5 fr.

Traité du bornage. 1 vol. in-8°. *épuisé*

Traité de la vaine pâture et du parcours. 1 vol. in-8°. 3 fr.

Traité des tarifs et de la taxe des actes de justices de paix. 1 vol. in-8°. *épuisé*

Bulletin des lois des justices de paix. Recueil des édits, décrets, arrêtés, lois, ordonnances et circulaires ministérielles, ANNOTÉS ET EXPLIQUÉS, jusqu'en 1852. 2 vol. in-8°. 10 fr.

Des pensions civiles, d'après la loi du 15 juin 1853, commentée en tant qu'elle se rapporte aux pensions de retraite des juges de paix. In-18. 60 c.

Formules à l'usage des justices de paix, au nombre de 235. 1 vol. in-8°. 2 fr.

Commentaire de la loi du 22 février 1851, sur l'apprentissage. 1 vol. in-8°. par L. Million (extrait du Dictionnaire général, 3e édition). 2 fr. 50

Traité du contrat d'engagement des ouvriers. 1 vol. in-8°, par L. Million (extrait du Dictionnaire général, 3e édition). 2 fr. 50

CONDITIONS D'EXPÉDITION.

Toute demande, *de quelque valeur qu'elle soit*, sera expédiée FRANCO jusqu'à domicile, si la localité est desservie directement par les chemins de fer, ou par les correspondances *leur appartenant*.

Mais lorsque la localité n'est, à partir de la station d'un chemin de fer, desservie que par des correspondances *particulières n'appartenant pas aux chemins de fer*, le supplément de port devra rester à la charge du destinataire.

Les payements doivent être faits en BONS DE POSTE contenus dans la lettre de demande, si l'on veut éviter l'augmentation de **1 fr. 50**, pour frais de la traite qui sera toujours lancée dans le mois de l'expédition.

Pour l'*Algérie*, la *Corse*, les départements de la *Savoie*, de la *Haute-Savoie*, des *Alpes-Maritimes*, des *Basses* et *Hautes-Alpes*, du *Var*, des *Bouches-du-Rhône*, du *Gard*, de la *Lozère*, de l'*Hérault*, de l'*Aude*, des *Pyrénées-Orientales*, du *Tarn*, de la *Haute-Garonne*, de *l'Ariége*, du *Gers*, des *Hautes* et *Basses-Pyrénées*, il devra toujours être ajouté pour le port 10 centimes par franc en sus des prix fixés, pour toutes demandes qui n'excèdent pas **25** francs. En cas d'omission, la commande sera réduite proportionnellement.

En Algérie, en Corse, dans les départements de la Savoie, de la Haute-Savoie et des Alpes-Maritimes, l'administration ne pouvant que très-difficilement faire opérer les recouvrements, toute lettre devra contenir un mandat sur la poste, égal au montant de la commande.

L'Administration ne fournit que les imprimés portés dans le présent catalogue. Toutefois, elle pourra faire exécuter tous imprimés particuliers, autres que des bandes, qui lui seront demandés par *mille* au moins du même modèle et du même format.

Tous les articles qui sont marqués d'un astérisque, doivent faire partie d'une demande dont la valeur excède vingt-cinq francs.

ANNALES DES JUSTICES DE PAIX

Rue Guénégaud, 27.

CATALOGUE DES IMPRIMÉS ET FOURNITURES

A L'USAGE DES

JUSTICES DE PAIX

NOUVEAU TARIF

L'administration des ANNALES se charge des acquisitions et commissions de toute nature, *sans aucune rémunération.*

Elle se met officieusement à la disposition de MM. les juges de paix et greffiers pour leur faire fournir, par les maisons spéciales et aux meilleures conditions, des *costumes*, robes, toques, ceintures et rabats, *cartes de visite*, et tous objets de papeterie.

La rédaction des ANNALES répond gratuitement à toutes les consultations qui sont adressées.

Toute lettre doit être affranchie et adressée à M. Charles MILLION, administrateur des *Annales des justices de paix*.

REGISTRES.

Nos		Prix.
1	**Registre pour l'inscription des avertissements en conciliation :**	
	De 100 pages....................	2 30
	De 200 pages....................	4 50
	De 500 pages....................	12 »
	De 1 000 pages....................	22 »
2	**Registre plumitif,** *de cent pages*......	2 30
3	**Registre des audiences civiles** et des diverses attributions civiles des juges de paix, *de cent pages*................	2 30

Nos		Prix.
4	**Registre des audiences de simple police** et des consignations.......	2 50
5	**Registre d'émoluments**............	2 50

AVERTISSEMENTS.

MM. Les Greffiers pouvant facilement se procurer des timbres mobiles, nous avons cru pouvoir nous dispenser de faire timbrer nos avertissements.

6	**Avertissements en conciliation, passe-partout,** sans nom de canton, format du timbre de 50 cent.... *le cent.*	1 60
	Petit format, ancien modèle...... *le cent.*	» 75
	Réglementairement les avertissements doivent être rédigés sur format du timbre de 50 cent. ; toutefois l'usage du petit format a été jusqu'ici toléré.	
6 *bis*	**Avertissements en conciliation** avec nom du canton, heure, jour de convocation, nom du greffier en caractères typographiques, et le sceau du juge de paix au dos, format du timbre de 50 cent. *par mille.*	16 »
	Même format............ *en cinq cents.*	10 »
	Petit format, ancien modèle... *par mille.*	7 50
	Toute commande d'avertissements, AU NOM DU CANTON, doit être de CINQ CENTS au moins, en grand format et de *mille* en petit.	
7	**Avertissement à prévenu en simple police**................ *le cent.*	» 75
8	**Avertissement à témoin avec taxe au bas**.................. *le cent.*	» 75

FORMULES DE JUGEMENTS.

9	**Formule d'un jugement** pour toutes contraventions réprimées par les articles 471-475 et 479, format du timbre à 1 fr. *le cent.*	3 »

Nos		Prix.
10	**Formule de jugements**, la même, format du timbre à 50 cent....... *le cent.*	1 50
11	**Formule de jugements**, spéciale au nº 15, art. 471.............. *le cent.*	3 »
12	**Formule de jugements**, spéciale pour le roulage.................... *le cent.*	1 50
13	**Formule de jugements**, spéciale pour les délits ruraux.............. *le cent.*	3 »

EXTRAITS.

14	**Extrait de jugements pour roulage**...................... *le cent.*	1 75
15	**Extrait de jugements autre que pour roulage**............. *le cent.*	1 75

RELEVÉS.

16	**Relevé de jugements**, susceptibles d'appel ou d'opposition......... *le cent.*	3 »

ÉTATS.

17	**État de jugements rendus en simple police**................... *le cent.* Les amendes et l'emprisonnement sont l'objet de colonnes séparées dont on peut négliger l'une ou l'autre.	3 »
17*bis*.	**Etat des jugements rendus en simple police** pour contravention à la police des cabarets........... *le cent.*	1 75
18	**État des pièces et frais d'information**..................... *le cent*	1 75

MÉMOIRES.

19	**Mémoire des indemnités de transports**.................... *le cent.*	3 »
20	**Mémoire des indemnités dues pour extrait de jugements** (A la charge de l'enregistrement et des domaines), *le cent.*	3 »

N°s		Prix.
21	**Mémoire des indemnités dues pour** expédition, extraits et relevés (**A la** charge du budget du ministère de **la justice**)........................ *le cent.*	3 »

PROCÈS-VERBAUX.

22	**Procès-verbal** de vérification mensuelle des minutes du greffe de la justice de paix (Simple déclaration),........... *le cent.*	1 75
22*bis*.	**Le même,** avec le détail de la nature des actes .... *le cent.*	1 75
23	**Procès-verbal** de vérification trimestrielle du registre d'émoluments....... *le cent.*	1 75
24	**Procès-verbal d'instruction,** rédigé en forme de passe-partout de façon à servir dans toutes les situations d'une information .... *le cent.*	3 »
24*bis*.	**Procès-verbal** d'instruction pour témoins .... *le cent.*	3 »

CERTIFICAT.

25	**Certificat négatif,** passe-partout. *le cent*	» 75

LETTRES D'AVIS.

26	**Lettre de convocation** pour conseil de famille .... *le cent.*	» 75
27	**Lettre d'avis au maire** pour dresser la liste des jurés ... . *le cent.*	» 75
27*bis*.	**La même,** feuille double..... *le cent.*	1 75
28	**Lettre d'avis au maire** avec tableau pour les renseignements à fournir aux juges de paix en cas de décès ... *le cent,*	1 75
29	**Lettre de recouvrement,** passe-partout .... *le cent.*	» 75

DIVERS.

Nos		Prix.
30	**Cédule à témoins**.......... *le cent.*	1 75
31	**Réquisitoire avec taxe,** passe-partout pour témoins medécins, gendarmes et autres...................... *le cent.*	1 75
32	**Mandat d'amener**............ *le cent.*	1 75
33	**Mandat de comparution**..... *le cent.*	1 75
34	**Permis de citer,** en cas de non-conciliation .... *le cent.*	» 50
35	**Récépissé des avertissements remis au guichet de la poste,** *le cent.*	» 50
36	**Déclaration mensuelle au parquet du nombre des avertissements délivrés par le greffier**... *le cent.*	1 75
	Cette formule, sur format de timbre à 50 cent., consiste dans une simple attestation conforme à la loi faite par le greffier du nombre des avertissements qu'il a remis à la poste pendant le mois avec visa et certificat du juge de paix.	
36*bis*.	**La même déclaration,** disposée de façon à contenir les noms des parties, feuille double, rayée à cent soixante lignes........................ *le cent.*	3 50
37	**Récépissé pour consignation,** *le cent*..............................	» 50

BANDES.

38	**Bandes simples imprimées, sans sceau** .... *le mille.*	1 75
	(L'Administration ne fournit plus de bandes avec sceau.)	

N^os^ Prix.

39 **Bandes fortes et sous-bandes non imprimées**, de 50 centimètres de long........................ *le cent.* » 40

40 **Bandes à M à avec contre-seing, de 0m,50 de long.** » 75

ENVELOPPES.

41. **Enveloppes blanches**, pour papiers d'affaires, de toutes dimensions.

Prix suivant la dimension.

42 **Enveloppes** à M à avec contre-seing

de 15 cent. sur 11 cent., *le cent.* 2 10
de 20 — sur 14 — 4 »

TÊTES DE LETTRES.

43 **Têtes de lettres** imprimées au nom du canton,

In-8° doubles, 500 .... 12 »
— 1 000 .... 20 »
In-4° doubles, 500 .... 20 »
— 1 000 .... 32 »

Il ne peut être fourni moins de 500 têtes de lettres au nom du canton du même modèle et du même format.

44 **Têtes de lettres** imprimées, passe-partout, sans nom de canton :

In-8° doubles............ *le cent.* 2 10
In-4° doubles............ — 3 20

AFFICHES POUR VENTES.

45 **Affiches**, passe-partout sur timbre de 5 centimes :

25, timbre compris............ 3 »
50, — .... 6 »
100, — .... 12 »

FOURNITURES SPÉCIALES.

	Prix.
* **Cire molle** pour scellés :	
125 grammes ou 5 bâtons.	1 25
250 — ou 10 —	2 25
500 — ou 20 —	4 50
Bandes pour scellés, en fil, largeur du sceau officiel.......... *le mètre.*	» 25
— en papier avec impression...... *le cent.*	» 75
* **Boîte à tampon**, grand modèle, avec accessoires, bleu ou noir..........	6 »
* **Presse coup-de-poing** à timbre sec, pour faire soi-même les têtes de lettres et autres...	15 »
Panonceau, or fin : la paire..........	34 »
— * Un seul..........	18 »

Timbre humide ou à tampon. — Sceau officiel de 37 millimètres : armes de la République avec légende : *Juge de paix du canton de*..... En cuivre massif.......... 9 fr.

Timbre sec pour cire à sceller. — Sceau de 24 millimètres : armes de la République avec légende : *Cabinet du juge de paix du canton de*..... En cuivre massif.......... 6 fr.

En argent massif.......... 25 fr.

Timbre humide.— Cachet ovale pour greffier, de 40 millimètres sur 20 : au milieu, le nom du greffier ; autour : greffier de paix à... En cuivre massif. 9 fr.

Timbre sec. — Cachet avec lettres initiales. En cuivre massif, à.......... 2 fr. »

Timbre humide. — Visa pour légalisation au nom du canton, portant ces mots : *Vu pour légalisation de la signature de M.... par nous, juge de paix du canton de... le...* 18..... En cuivre massif..... 9 fr.

Les légendes seront complétées ou modifiées suivant indications.

TABLE SOMMAIRE DES MATIÈRES.

Paris. — Typographie A. Hennuyer, rue d'Arcet, 7.

PARIS. — TYPOGRAPHIE A. HENNUYER, RUE D'ARCET, 7.